الحمص
Hummus
חומוס

الحمص

EINE KULINARISCHE
KULTURGESCHICHTE DER KICHERERBSE

Auf den Spuren des
Hummus

ARIEL ROSENTHAL
ORLY PELI-BRONSHTEIN
DAN ALEXANDER

חומוס

CHRISTIAN

IMPRESSUM

Für die deutsche Ausgabe

Verantwortlich: Susanne Caesar
Lektorat: Larissa Rabe
Satz: satz & repro Grieb, München
Übersetzung aus dem Englischen: Ingrid Ickler
Umschlagadaption: Regina Degenkolbe
Korrektorat: Constanze Lüdicke
Herstellung: Anna Katavic

Gesamtherstellung:
GeraNova Bruckmann Verlagshaus GmbH

Unser komplettes Programm finden Sie unter:
www.christian-verlag.de

Alle Angaben dieses Werkes wurden vom Autor sorgfältig recherchiert und auf den neuesten Stand gebracht sowie vom Verlag geprüft. Für die Richtigkeit der Angaben kann jedoch keine Haftung übernommen werden, weshalb die Nutzung auf eigene Gefahr erfolgt. Sollte dieses Werk Links auf Webseiten Dritter enthalten, so machen wir uns die Inhalte nicht zu eigen und übernehmen für die Inhalte keine Haftung.

In diesem Buch wird aus Gründen der besseren Lesbarkeit das generische Maskulinum verwendet. Weibliche und anderweitige Geschlechteridentitäten werden dabei ausdrücklich mitgemeint, soweit es für die Aussage erforderlich ist.

Die Deutsche Nationalbibliothek verzeichnet diese Publikation in der Deutschen Nationalbibliografie; detaillierte bibliografische Daten sind im Internet über http://dnb.d-nb.de abrufbar.

★★★★★

Sind Sie mit diesem Titel zufrieden? Dann würden wir uns über Ihre Weiterempfehlung freuen.

Erzählen Sie es im Freundeskreis, berichten Sie Ihrem Buchhändler oder bewerten Sie bei Onlinekauf. Und wenn Sie Kritik, Korrekturen, Aktualisierungen haben, freuen wir uns über Ihre Nachricht an:

Christian Verlag
Postfach 40 02 09
D-80702 München
oder per E-Mail an lektorat@verlagshaus.de

2. Auflage 2023

Die englische Originalausgabe mit dem Titel *On the Hummus Route. A journey between cities, people and dreams* erschien erstmals 2019 bei The Hummus Book Project Ltd.

ISBN 978-3-95961-605-8

الحمص
Hummus
חומוס

Ariel Rosenthal
Orly Peli-Bronshtein
Dan Alexander

Autoren
Ariel Rosenthal
Orly Peli-Bronshtein
Dan Alexander

Idee und Erstellung
Ariel Rosenthal

Konzept, Herausgeber und Design
Dan Alexander

Rezepte und kulinarische Herausgeberin
Orly Peli-Bronshtein

Grafikdesign und Art Direction
Dan Alexander & Co.

Studio Director
Maya Shitrit Shwartz

Ein besonderer Dank geht an
Karim Haidar, Hind Tahboub, Adeena Sussman, Linda Mady, Iris Gelbart

WIR DANKEN UNSEREM TEAM VON BEITRÄGERN AUS DER GANZEN WELT, DIE IHRE LIEBE ZUM HUMMUS MIT UNS GETEILT HABEN

Anonymus
Fotograf; Damaskus

Mohammed Asad
Fotograf; Gaza

Nof Atamna-Ismaeel
Spitzenköchin und Food-Festival-Leiterin; Kafr Qara

Yosef Baballah
Spitzenkoch und Gastronom; Umm al-Fahm

Dr. On Barak
Historiker, Hochschuldozent und Autor; Tel Aviv

Felipe Romero Beltrán
Fotograf; Bogotá

Josh Berer
Kalligraf und Kunsthandwerker; Washington, D. C.

Yaron Brener
Fotograf; Tel Aviv

Charles Constantine
Fotograf; Paris und Beirut

Dr. Yahya Diwer
Arzt und Fotograf; Alexandria

Prof. Liora Gvion
Soziologin, Hochschuldozentin und Autorin; Tel Aviv

Karim Haidar
Chefkoch, Gastronom und Gründer der Académie de cuisine du monde arabe; Paris

Elia Kahvedjian
Verstorbener Gründer des Fotoladens Photo Elia und legendärer Fotograf; Jerusalem

Joudie Kalla
Spitzenköchin, Ernährungsberaterin und Autorin; London

Arin Abu-Hmid Kurdi
Chefköchin und Gastronomin; Akko

David Loftus
Fotograf; London

Felix Lupa
Fotograf; Tel Aviv

Itzik Luzon
Gastronom; Jaffa

Farouk Mardam-Bey
Historiker, Ernährungswissenschaftler, Autor und Herausgeber; Paris

Karim Mostafa
Fotograf; Beirut

Mohammad Orfali
Syrischer Spitzenkoch, Gastronom und kulinarischer Experte; Dubai

Eilon Paz
Fotograf; New York

Shai Peri
Fotograf; Kiryat Ono

Anna-Marie Ravitzki
Philosophin, Dichterin und Künstlerin; Périgord und Paris

Avi S. Ravitzki
Künstler; Périgord

Claudia Roden
Kulturanthropologin, Autorin und Pionierin beim Erforschen von Esskulturen; London

Nimrod Saunders
Fotograf; Givatayim

Hind Tahboub
Spitzenkoch; Paris

Sami Tamimi
Chefkoch, Gastronom und Autor; London

Brandon Tauszik
Fotograf und Filmemacher; Kalifornien

Mousa Tawfiq
Journalist und Wissenschaftler; Paris und Gaza

INHALTSVERZEICHNIS

KAIRO

GAZA

JAFFA

TEL AVIV

JERUSALEM

NAZARETH

AKKO

BEIRUT

DAMASKUS

Auf den Spuren
des Hummus
Gaza
Kairo

Beirut
Akko
Damaskus
Tel Aviv
Nazareth
Jaffa
Jerusalem
N
W
E
S

TREFFEN SICH EIN PALÄSTINENSER, EIN LIBANESE UND EIN ISRAELI IN EINER BAR

Dan Alexander

Treffen sich ein Palästinenser, ein Libanese und ein Israeli in einer Bar ... so beginnt kein Witz, sondern so sind Ariel und ich in einer traditionsreichen Pariser Bar unweit des Louvre zwei Köchen begegnet: dem Palästinenser Hind und Karim, einem Franzosen mit libanesischen Wurzeln. Wir waren aufgeregt und angespannt, voller Vorurteile und von Klischees belastet. Es war ein Blind Date zwischen den Kulturen, und wie das bei Blind Dates so ist, ging es zunächst darum, ein wenig zu plaudern, um die Unsicherheit zu überwinden und das Eis zu brechen. So saßen wir also radebrechend an unserem Tisch in der Rue de l'Amiral de Coligny 39, gar nicht weit von der Mona Lisa, im Angesicht französischer Eleganz und vornehmer Zurückhaltung.

Wir warteten gerade auf unsere zweite Runde Martinis, als Ariel ein Glas Tahini hervorzauberte, das er eigens aus Nazareth mitgebracht hatte. Mit einem einzigen Blick auf diese Köstlichkeit lösten sich wie von Zauberhand jegliche Zurückhaltung, alle unsicheren Worte und sämtliche Berührungsängste auf. Auf der Stelle waren wir mitten in einer hitzigen Diskussion, wie sie für den Nahen Osten typisch ist, und ereiferten uns über die Frage: Wie viel Tahini gehört ins Hummus? Karim rief: »Nur ein kleiner Klecks!« Ariel entgegnete: »Viel, und zwar immer!« Unsere Stimmen wurden lauter.

Als Mona Lisas Augenlider zuckten, erinnerten wir uns daran, wo wir waren, und brachen in Gelächter aus, denn wir merkten, dass dieses Erlebnis eine Initialzündung war, die Menschen mit einer gemeinsamen Leidenschaft und gemeinschaftlicher Identität zusammengeführt hatte. Und letztlich sind wir doch immer und zuallererst Menschen. Seitdem haben wir uns häufig getroffen und haben uns gemeinsam auf eine kostbare kulinarische Reise begeben, mit Freundschaft, Rezepten und Träumen im Gepäck.

Diese ganz besondere Reise führt uns auf den Spuren des Hummus durch den Nahen Osten, wo wir Städten, Menschen und Träumen begegnen: von

Kairo geht es über Gaza, Jaffa, Tel Aviv, Jerusalem, Nazareth, Akko und Beirut nach Damaskus. Ein Weg der Offenbarung durch eine Landschaft voller Sehnsucht, Sesamkerne, Freude, Schmerz, Gedanken, Tränen, Weinen und Lachen. Wir wollen eines der ältesten Grundnahrungsmittel überhaupt wiederentdecken, über alle Grenzen hinweg, in vielfältigen menschheitsgeschichtlichen und kulturellen Zusammenhängen.

Die Geschichte der Kichererbse erzählt von den Tafeln der Könige und Sultane, von versteckten Durchgängen zu uralten Märkten, von Handschriften aus alten Zeiten, aber auch von heutigen Imbissständen in betriebsamen Straßen und von verborgenen Gourmetrestaurants. Auf unserer Reise saßen wir vor Stapeln von Pita-Brot und vor Bergen von Hummus, Falafel und Tahini, und sobald wir eine Mahlzeit beendet hatten, waren wir begierig darauf, auf diesem alten und neuen Weg weiterzureisen. Genauso wie wir jede Menge Hummus und Falafel miteinander teilten, so teilten wir auch unsere Träume miteinander, die Vorstellung einer einzigen positiven Welt für uns alle. Denn der kulinarische Genuss führt zur Einheit, zu einer Tugend, zum Zuhören und Miteinandersprechen, zum Dialog. Denn schließlich dreht sich alles nur ums Menschsein.

Uns ist auch klar geworden, dass Hummus an sich bereits eine eigene Kultur ist, uns neue Räume eröffnet, immer auf der Suche nach einer Identität. Unsere Reise enthüllte uns großartige kulinarische Traditionen aus Vergangenheit und Gegenwart. Das Hummus erfindet sich immer wieder neu und möchte immer wieder neu entdeckt werden. Die Kichererbse bleibt, wie sie ist, aber das Hummus kann der Brückenschlag sein zwischen Tradition und einer neuen sozialen Ordnung.

Die Identität der Kichererbse wurzelt in der Vergangenheit, blickt aber lächelnd in die Zukunft. Kichererbsen lassen sich nicht in Konzepte pressen. Ein gutes Hummus braucht vor allem eines: Liebe. Ohne Liebe geht es nicht, das hat unsere Reise gezeigt. Es geht um den Dialog zwischen den Geschmäckern und um die Zuneigung und Nähe, die sich in einer Freundschaft entwickeln können. Schlussendlich geht es ums Menschsein. Gutes Essen kann die Menschen einander näherbringen.

Auf unserem Weg sind wir auf eine besonders schöne Legende gestoßen. Sie erzählt von einem Sultan mit goldenem Herzen, der einmal im Jahr das ganze

Dorf zu einem Festmahl einlud. Unter den erlesenen Getränken und Speisen, die er servieren ließ, war auch ein Lammeintopf mit Reis, gespickt mit Kichererbsen. Eine dieser Kichererbsen war aus purem Gold. Der Gast, der sie auf seinem Teller fand, wurde vom Sultan reich beschenkt und konnte fortan ein sorgenfreies Leben führen.

Die Segnungen dieser Kichererbse aus purem Gold werden uns in den kostbaren goldenen Augenblicken zuteil, die unser Leben bereichern. Es sind Momente, in denen wir miteinander im Einklang leben. Und so haben auch wir zwischen den Seiten dieses Buches goldene Kichererbsen versteckt, die Sie, liebe Leserinnen und Leser, hoffentlich finden werden, auf dass auch Ihr Leben stets aufs Neue mit Träumen und Aromen bereichert werden möge.

Ich möchte euch beiden, Orly und Ariel, meinen allerherzlichsten Dank aussprechen. Und ebenso allen anderen, die mit uns gemeinsam diese Reise in eine neue Zukunft unternommen haben. Sie hat uns die Augen geöffnet und wir haben verstanden und verinnerlicht: Letzten Endes geht es immer ums Menschsein.

...

Dan Alexander ist ein international bekannter Designer, der bereits zahlreiche Preise gewonnen hat. Er ist Gründer und Creative Director von Dan Alexander & Co., einem Innovations-, Branding- und Designlab mit Sitz in Paris. Er arbeitet mit Meinungsmachern und kreativen Köpfen weltweit zusammen, um Technologie, Philosophie und Design zusammenzuführen. Mit seinem Buch *Seafoodpedia* gewann er den renommierten Gourmand International Cookbook Award. Er lebt und arbeitet in Paris und im Périgord.

Cicer sativum, auch bekannt als *Cicer arietinum* oder Kichererbse.

Hortus Romanus Juxta Systema Tournefortianum Paulo Strictius Distributus, von Giorgio Bonelli (1772–1793). The New York Public Library, Digital Collections

DEFINITION: CICER, DER URSPRUNG DER KICHERERBSE

KICHERERBSE

Eine Pflanzenart, die zu den Hülsenfrüchten gehört und ihren Ursprung im Mittelmeerraum hat, mit unregelmäßig geformten, aber einigermaßen runden erbsenähnlichen gelbbraunen festen Samen, die nussig schmecken. In der mediterranen Küche und der Küche des Nahen Ostens wird die Kichererbse für Suppen, Eintöpfe und Salate verwendet, sie kann gebraten oder einfach so geknabbert werden. Die Kichererbse, lateinisch *cicer*, ist auch als *cece* (Plural: *ceci*), *garbanzo* oder *bengal gram* bekannt. Diese ursprünglich wild wachsende Hülsenfrucht wurde vor 7000 Jahren kultiviert und ist die Basis für Hummus- und Falafelgerichte.

HUMMUS

Hummus (auch Hommus, Hommos oder Houmus) ist sowohl die arabische als auch die hebräische Bezeichnung für die Kichererbse. Hummus bezeichnet zudem eine orientalische Spezialität aus pürierten Kichererbsen, Tahini (Sesampaste), Olivenöl, Knoblauch, Zitronensaft und weiteren Gewürzen. Hummus wird als Füllung, Aufstrich oder Dip verwendet.

GARBANZO

In Spanien wird die Kichererbse auch Garbanzo-Bohne genannt. *Garbanzo* kommt ursprünglich vom baskischen Wort *garbantzu*, das sich aus *gartau* (trocken) und *antzu* (Samen) zusammensetzt.

CICER ARIETINUM

Die Kichererbse *(Cicer arietinum)* gehört zur Unterfamilie der Schmetterlingsblütler innerhalb der Familie der Hülsenfrüchte *(Fabaceae)*. *Cicer* kommt aus dem Lateinischen, der Zusatz *arietinum* bedeutet »widderartig« und wurde angeblich gewählt, weil der Samen einem Widderkopf ähnelt. Laut den Aufzeichnungen von Plinius dem Älteren leitet sich der Name des römischen Staatsmanns und Philosophen Marcus Tullius Cicero von *cicer* ab. Seine Vorfahren hätten demnach Kichererbsen angebaut. Der Schriftsteller Columella verwendete als Erster den Zusatz *arietinum* für den Samen. Es gibt in der Wissenschaft aber auch die Meinung, dass sich *cicer* vom hebräischen *kikar* ableitet, was »rund« bedeutet.

DIE KICHERERBSE IN DEN SPRACHEN DER WELT

AMHARISCH
ሽምብራ / Shimbra

ARABISCH
الحمص / Hummus, Hhimmass, Malana, Alhams (Altarabisch: Hallaru, Himmis)

CHINESISCH
鷹嘴豆 / Ying Zui Dou, Ji Tou Dou

ENGLISCH
Bengal Gram, Chickpea, Garbanzo Bean

FRANZÖSISCH
Pois Chiche

DEUTSCH
Kichererbse

HEBRÄISCH
חומוס / Hummus
(Althebräisch: חמצה / Himtza)

HINDI
चना / Chana

ITALIENISCH
Cece

JAPANISCH
ヒヨコマメ / Hiyokomame

MALAIISCH
Katjang Arab, Katjang Kuda

PORTUGIESISCH
Grão, Grão de Bico, Gravanço

RUSSISCH
нут / Noot

SPANISCH
Garbanzo

SCHWEDISCH
Kikärt

TÜRKISCH
Nochut

القاهرة

DAS WANDERNDE ESSEN – DIE REISE DES FALAFELBÄLLCHENS – TA'AMIYA: FAVA-BOHNEN-FALAFEL – KOSHARY: KICHERERBSEN, LINSEN, REIS UND TOMATENSAUCE

Kairo

FERAKH BEL HUMMUS: KICHERERBSENEINTOPF MIT HÜHNCHEN – HALABESSA: TOMATEN-KICHERERBSEN-SUPPE – DUKKAH-CRACKER

קהיר

Ta'amiya, die ägyptische Falafel aus Fava-Bohnen, wird auf den Märkten Kairos direkt aus der Pfanne angeboten.

adidas

etisalat
SALE

Vom frühen Morgen an
liegt der Duft von ofenfrischen
Pita-Broten in der Luft.

DAS WANDERNDE ESSEN

Claudia Roden

Das Kairo meiner Kindheit hat zwei Gesichter. Das eine sieht aus wie Paris, und das verdankt die Stadt dem Traum von Vizekönig Ismail Pascha, der Mitte des 19. Jahrhunderts in Ägypten herrschte und europäische Architekten einlud, um westlichen Charme in die Hauptstadt zu bringen. Das andere Gesicht zeigt sich im Osten Kairos mit seinem Gassengewirr, den Mausoleen, koptischen Kirchen und Moscheen, deren Kuppeln und Minarette in den Himmel ragen. Kairo war eine kosmopolitische Stadt mit Französisch als *Lingua franca*. Die jüdischen Einwohner waren ein bunt gemischtes Abbild der jüdischen Welt, sie sprachen zusätzlich Italienisch, Englisch und Judäo-Spanisch.

Drei meiner Großeltern kamen im späten 19. Jahrhundert von Aleppo nach Kairo und gekocht wurde weiterhin traditionell syrisch. Nachdem ich drei Jahre lang in Paris zur Schule gegangen war, zog ich in den frühen 1950er-Jahren nach London, um Kunst zu studieren. 1956 musste meine Familie wie der Großteil der jüdischen Bevölkerung als Folge der Suez-Krise Ägypten verlassen – für viele ein traumatisches Erlebnis. Die Flüchtlinge siedelten sich überall in der Welt an. Unser Lebensmittelpunkt wurde London, aber das Heimweh blieb. Wir hatten Ägypten zwar verlassen, Ägypten uns aber nicht. Das Einzige, was uns noch dauerhaft mit der Vergangenheit und unserem früheren Leben verband, war das Essen. Was wir kochten, bescherte uns Trost und Freude, in unserer Küche war immer etwas los. Ich begann Rezepte und Geschichten zu sammeln und die jüdische Küche und die Küche des Nahen Ostens auf der ganzen Welt zu erkunden. Und irgendwann wurde aus dieser Leidenschaft ein Beruf.

Ta'amiya ist ein ägyptisches Nationalgericht. Jeder mag es – ob alt oder jung, reich oder arm, *ta'amiya* gehört zum Alltag und man genießt sie zu jeder Tages- und Nachtzeit. Die koptischen Christen, eine der ältesten christlichen Gemeinschaften des Nahen Ostens, gelten als die Erfinder dieses Gerichts. Gleiches gilt für die vegetarische *Molokhia*-Suppe, die traditionell während der Fastenzeit gegessen wird.

Ta'amiya sind Falafelbällchen aus geteilten und enthülsten weißen Fava-Bohnen. Das beste *ta'amiya* meines Lebens habe ich bei meinen Onkels gegessen. Sie mieteten jeden Sommer die gleiche Wohnung im ersten Stock, mit einem Balkon direkt über einem Kaffeehaus, dessen Spezialität *ta'amiya* war. Kein Wunder, dass meine geliebten Onkels alle ein wenig füllig waren. Immer wenn wir zu Besuch kamen, saßen sie auf dem Balkon und aßen. Ich konnte mir beim besten Willen nicht vorstellen, dass sie früher wie junge Hirsche herumgesprungen waren, wie es immer hieß. An einem Seil ließen sie einen Korb hinunter und zogen ihn, gefüllt mit frisch frittierten, knusprigen *Ta'amiya*-Bällchen in Tahini und warmen Pita-Broten, wieder hinauf. Wir verspeisten alles augenblicklich und warteten voller Ungeduld auf die nächste Lieferung.

…

Claudia Roden stammt aus Kairo und ist eine berühmte Kulturanthropologin und als Expertin für jüdische Küche weltweit bekannt. Sie hat als eine der Ersten zur Entwicklung der jüdischen und orientalischen Esskultur im Wandel von Zeit und Ort geforscht und Dutzende Kochbücher geschrieben, in denen sie die Geschichten und Traditionen beschreibt, die mit den Rezepten im Zusammenhang stehen. Claudia Roden hat mehrere wichtige Preise gewonnen, darunter den James Beard Foundation Book Award, und war lange Jahre Gastgeberin einer Kochshow bei der BBC. Heute ist sie Vorsitzende der HIV Charity Food Chain in London. Der obige Text stammt aus ihrem Buch *Die Küche des Vorderen Orients*.

Im alten Ägypten waren Kichererbsen eine wichtige Opfergabe für eine sichere Reise in die nächste Welt. Viele der ältesten bekannten Kichererbsen der Welt wurden in wichtigen archäologischen Ausgrabungsstätten entdeckt, entweder als getrocknete Samen oder als Nachbildungen in Form von glasierter Keramik.

Wandmalerei, Grab des Menna, Theben (etwa 1422–1411 v. Chr.). Sonia Halliday Photo Library

DIE REISE DES FALAFELBÄLLCHENS

Dr. On Barak

Die Falafel und ich zogen etwa zur gleichen Zeit nach Europa. Ich stand am Beginn einer akademischen Karriere in der Geschichte des Nahen Ostens, die Falafel am Beginn einer kulinarischen Karriere als authenische, gesunde Kost der nahöstlichen Küche. Um diese Zeit, an der Schwelle zum 21. Jahrhundert, vermarkteten clevere israelische Unternehmer die Falafel in Westeuropa und später auch in Nordamerika als preiswertes vegetarisches Gericht. Doch die ägyptischen Küchenangestellten im Maoz Falafel, einer der ersten Niederlassungen dieser Imbisskette in der holländischen Universitätsstadt Leiden, die ich regelmäßig besuchte, erzählten ihren Kunden eine ganz andere Geschichte: Die Falafel stamme ursprünglich aus dem Land am Nil und nicht aus Israel, sie sei in Wahrheit eine traditionelle ägyptische Spezialität. Als der Manager der Niederlassung herausfand, was seine Mitarbeiter da an subversiven Erklärungen in die Welt setzten, wurden sie dazu verdonnert, in jedes Pita-Brot mit Falafel ein israelisches Fähnchen zu stecken, ähnlich der US-amerikanischen Flagge auf dem Mond. Jeder sollte sehen, was Sache ist.

Die Frage nach der ursprünglichen Herkunft der Falafel gehört für die Historiker der Region zu den ungelösten Rätseln. Vor allem Ägypten und Großsyrien (das Gebiet, in dem auch das heutige Israel liegt) streiten um die Deutungshoheit. Unstrittig ist, dass die knusprigen, frittierten Bällchen von den christlichen Kopten Ägyptens erfunden wurden, als ein fleischloses Gericht, das während der Fastenzeit als Ersatz für die Hackfleischbällchen diente. In Ägypten werden die Falafeln *ta'amiya* genannt, das ist Arabisch und bedeutet »kleine Portion«. Sie werden aus Fava-Bohnen zubereitet, während die Falafel, die wir heute kennen, aus Kichererbsen gemacht wird. Die Kichererbse war aber nur in Großsyrien, nicht in Ägypten verbreitet, wo sie hauptsächlich als Brotaufstrich oder Dip serviert wurde. Hinweise auf ein kräftig gewürztes und frittiertes Kichererbsenpüree tauchen in Kochbüchern zum ersten Mal in der zweiten Hälfte des 19. Jahrhunderts auf. Aber wann und wie kam die Kichererbse in die Falafel, wie wir sie heute essen?

Die Antwort ist so schwierig, als wollte man eine Falafel auf einem Zahnstocher im Gleichgewicht halten. Ich versuche mich trotzdem an einer ausbalancierten Antwort und gehe davon aus, dass die Geburtsstunde der heutigen Falafel im frühen 19. Jahrhundert liegt, in der Zeit, in der die Ägyptische Eroberungsarmee durch das osmanische Palästina nach Norden in Richtung Syrien zog.

Bis zum Beginn der Neuzeit wurde Ägypten von Konstantinopel, dem heutigen Istanbul, aus regiert. Das Land am Nil hatte damals große politische und religiöse Bedeutung und war zudem die Kornkammer des Osmanischen Reiches. Von hier aus wurde das Getreide in alle großen Städte des Reichs geliefert, auch in die Sultanstadt selbst. Doch im späten 18. und frühen 19. Jahrhundert kam es zu starken klimatischen Umbrüchen, die zu einer Reihe von sozialen und politischen Entwicklungen führten oder sie zumindest beschleunigten. Die bestehende Weltordnung geriet ins Wanken und das Leben in Europa, dem Nahen Osten und Asien veränderte sich nachhaltig. Durch einen Vulkanausbruch auf Island in den 1780er-Jahren verringerten sich die Ernteerträge in ganz Europa, mit der Folge, dass der Brotpreis überall drastisch stieg. Es kursierten Gerüchte, dass die französische Königin ihre hungernden Landsleute auffordere, Kuchen statt Brot zu essen, einer der Gründe, die zur Französischen Revolution führten. Dabei waren die Gerüchte falsch. An der Schwelle zum 19. Jahrhundert wurde ein junger, ehrgeiziger französischer Offizier, Napoleon Bonaparte, nach Ägypten entsandt, mit dem Auftrag, die Errungenschaften der Revolution auch dort zu verbreiten. Das Osmanische Reich sandte eine Armee aus, um die französischen Eroberer wieder zu vertreiben. An der Spitze eines Regiments stand Muhammad Ali, ein ebenfalls sehr ehrgeiziger osmanischer Offizier, der später Gouverneur der osmanischen Provinz Ägypten wurde. Er stellte in den Folgejahren eine nach französischem Vorbild modern organisierte Armee zusammen, denn er wollte sich vom osmanischen Joch befreien und in Ägypten eine eigenständige Dynastie begründen.

Um seine moderne Armee zu finanzieren, beschränkte Muhammad Ali in Ägypten den Anbau von Weizen, Gemüse und Bohnen und stellte die Landwirtschaft auf langfaserige Baumwolle, Tabak und Zucker um, was höhere Erträge versprach. Durch den Verkauf dieser Produkte sollte das nötige Kapital für den Erwerb von Uniformen und Munition, für den Bau von Unterkünften und für die Gehälter der Kader und Ausbildungsoffiziere beschafft werden. Zahlreiche Offiziere waren Europäer, die den Soldaten das Kämpfen beibringen sollten. Die einschneidendste Neuerung war möglicherweise, wer als Soldaten für die neue Armee geworben wurde.

Sie bestand nämlich nicht, wie im Osmanischen Reich üblich, aus Soldaten, die aus fernen Regionen stammten, sondern wurde in Ägypten selbst rekrutiert. Ein Versuch mit sudanesischen Sklaven war zuvor gescheitert. Die neue ägyptische Armee war die erste Streitmacht, die einheimische Bauern bewaffnete und ausbildete. Auch für dieses Vorgehen dürfte wahrscheinlich Napoleon Vorbild gewesen sein, der als Erster die allgemeine Rekrutierung durchgesetzt hatte. Nach dem Ägyptenfeldzug war ein Teil seiner Offiziere als Ausbilder und Kommandeure in Ägypten geblieben.

Sobald die neue Armee kampfbereit war, suchte Muhammad Ali die Konfrontation mit Istanbul. 1831 sandte er seinen Sohn Ibrahim Pascha als Oberkommandeur nach Norden, um gegen die Soldaten des Sultans zu kämpfen. Im Laufe eines Jahrzehnts eroberte Ibrahim große Teile von Palästina (Israel), Syrien und Südanatolien. Neuere Forschungen haben gezeigt, dass hinter Muhammad Alis Expansionsdrang nicht nur der Wunsch steckte, seinen Söhnen ein größeres Erbe zu hinterlassen – er brauchte auch dringend Holz. Der Bau einer großen Kriegsflotte und die sich verschärfenden Spannungen zwischen Kairo und Istanbul führten zu einem Mangel an Feuerholz in Ägypten, das früher aus anderen Regionen des Osmanischen Reiches importiert worden war, vor allem aus Syrien und dem Libanon. Besonders die Bäckereien brauchten Holz, um ihre Öfen zu befeuern, und auch die öffentlichen Badehäuser hatten einen hohen Bedarf. Nicht zuletzt deswegen griff Ägypten Syrien an, um die waldreiche Region unter seine Kontrolle zu bringen und die Versorgung mit Holz sicherzustellen.

Der Angriff auf Syrien erfolgte also zum ersten Mal durch eine Armee von einheimischen Soldaten, auf deren Ernährungsgewohnheiten Rücksicht genommen werden musste. Erschwerend kam hinzu, dass zu dieser Zeit Brot und Fava-Bohnen besonders knapp waren, und auch Fleisch war äußerst schwer zu beschaffen, da mehrere Epidemien den Viehbestand drastisch reduziert hatten. Es ist nicht bewiesen, aber es scheint ganz so, als hätten die ägyptischen Soldaten, als sie durch das osmanische Palästina nach Syrien zogen und dort keine Fava-Bohnen vorfanden, ersatzweise auf die dort wachsenden Kichererbsen zurückgegriffen, um ihr *ta'amiya* zuzubereiten. Das war vermutlich die Geburtsstunde der Falafel, wie wir sie heute kennen.

Die vier Jahrzehnte dauernde Regentschaft Muhammad Alis war eine Zeit weitreichender Veränderungen. Diese und die Neuerungen in vielen Bereichen brachten ihm den Titel »Vater des modernen Ägypten« ein. Auch kulinarische Veränderungen gehörten dazu, wie zum Beispiel das Süßen des Tees mit Zucker und das Rauchen von Zigaretten, da auf dem Feldzug nach Syrien keine Wasserpfeifen und Rauchapparaturen zur Verfügung standen. Es ist durchaus möglich, dass auch die Falafel zu diesen Neuerungen gehörte. Bei den Soldaten heißt es: »Ohne Mampf kein Kampf.« In der Geschichte kriegerischer Auseinandersetzungen, Besatzungen und Belagerungen spielten schon immer auch neue Ess- und Trinkgewohnheiten eine wichtige Rolle. Es ist kein Zufall, dass die Falafel im Zentrum eines hitzigen Konflikts des 21. Jahrhunderts steht – vor rund 200 Jahren muss sie in einem ähnlichen Konflikt entstanden sein.

Das Essen, das damals entstand, umfasst Regionales und Imperiales. Die Falafel ist eine Synthese von Gegensätzen. Sie vereinigt fremde Rezepte und heimische Zutaten, Gewalt und Nahrung, Politik und Küche, Kultur und Umwelt.

Wer nach dem Bindeglied zwischen Vergangenheit und Gegenwart sucht, kann auf dem eigenen Teller anfangen. Menschen, Pflanzen, Tiere, Kochtraditionen und neue Ideen hängen häufig eng miteinander zusammen. In den letzten Jahren interessieren sich die Verbraucher immer mehr für das, was auf ihrem Teller liegt, und für die Umstände, unter denen es entstanden ist. Gleiches gilt für die gesundheitlichen, moralischen, ökologischen und sozialen Hintergründe von dessen Produktion und von ihrem Konsum. Ein Blick in die Herkunftsgeschichte unserer Nahrung lohnt sich. Das Croissant zum Beispiel ist das Zusammenspiel osmanischer, wienerischer und französischer Elemente, Baklava hat Berührungspunkte mit Frankreich und die Falafel hat ihre Wurzeln in Ägypten: Die Fusionsküche der Vergangenheit ist die authentische regionale Küche von heute. Ähnlich wie unser Essen haben auch wir Menschen die unterschiedlichen Wurzeln. Das zu erkennen, es vielleicht sogar zu feiern, die Komplexität und Widersprüchlichkeit in Kauf zu nehmen, statt sie zu unterdrücken, ist der Beginn einer Bewusstseinsänderung, eine neue Definition von Vielfalt.

...

Dr. On Barak ist Professor am Institut für die Geschichte des Nahen Ostens und Afrikas an der Universität Tel Aviv. Er ist ein renommierter Historiker und Nahost-Spezialist, der sich mit der Einführung von Wissenschaft und Technik in nichtwestlichen Regionen beschäftigt. Er ist Autor mehrerer Bücher, darunter *On Time: Technology and Temporality in Modern Egypt*.

TA'AMIYA: FAVA-BOHNEN-FALAFEL

Ta'amiya, die ägyptischen Falafelbällchen, werden aus gespaltenen weißen Fava-Bohnen zubereitet, die getrocknet, geschält und zerdrückt wurden. Weiße Fava-Bohnen sind die gleichen wie braune, nur geschält. Für dieses Rezept ist die weiße Bohne wichtig, die ungeschälte Bohne ist nicht geeignet. Weiße Fava-Bohnen finden Sie in orientalischen Feinkostgeschäften. *Rezept:* Claudia Roden

Für 60 Bällchen

500 g getrocknete weiße Fava-Bohnen, gespalten
½ TL Natron
½ Tasse frischer Koriander
1 mittelgroße Zwiebel, grob gehackt
1 ½ TL Salz
1 TL gemahlener Kreuzkümmel
½ TL frisch gemahlener schwarzer Pfeffer
½ TL scharfes Paprikapulver
½ TL edelsüßes Paprikapulver
½ TL Knoblauchpulver
1 EL Backpulver
Pflanzenöl zum Frittieren

Dazu passt
Tahini-Sauce (s. S. 281)
Pita-Brote (s. S. 124)
Gehackter Gemüsesalat (s. S. 280)
Eingelegte Karotten und eingelegter Kohl (s. S. 190)

Tipp
Achten Sie darauf, dass die Temperatur des Öls beim Frittieren konstant bleibt, damit die Falafelbällchen innen durch und außen knusprig sind.

1. Die Fava-Bohnen in eine große Schüssel geben, mit reichlich Wasser bedecken, das Natron hinzufügen und mindestens 6 Stunden einweichen.
2. Die Bohnen abtropfen lassen und mit dem Koriander und der Zwiebel in der Küchenmaschine zu einer krümeligen Masse verarbeiten. Alternativ einen Mixer verwenden und die Zutaten, wenn nötig, portionsweise zerkleinern.
3. Die Gewürze und das Backpulver hinzufügen und in der Küchenmaschine 1–2 Minuten weiterrühren. Die Masse sollte feucht genug sein, um daraus Bällchen zu formen. Wenn sie zu trocken ist, 1–2 EL Wasser hinzugeben.
4. Eine tiefe Pfanne etwa 5 Zentimeter hoch mit Öl füllen und das Öl auf 180 °C erhitzen.
5. Mit einem Falafel-Löffel oder einem Eiscremeportionierer aus der Masse walnussgroße Bällchen formen und leicht flach drücken. Jeweils 6–7 Stück in die Pfanne mit dem Öl geben und in 2–3 Minuten goldbraun frittieren. Das überschüssige Öl in einem Sieb oder auf einem Stück Küchenkrepp abtropfen lassen.
6. Warm mit Tahini auf einer Servierplatte anrichten oder in einem Pita-Brot mit frischem Gemüsesalat, eingemachtem Gemüse und ein paar Spritzern Tahini servieren.

KOSHARY: KICHERERBSEN, LINSEN, REIS UND TOMATENSAUCE

In Ägypten ist *koshary* eines der bekanntesten und beliebtesten Streetfoods, eine Köstlichkeit aus mehreren Schichten. Die scharfe Sauce wird extra gereicht, damit man *koshary* mit individuellem Schärfegrad genießen kann.

Für 4–6 Personen

Für die Tomatensauce
2 EL Olivenöl
1 mittelgroße Zwiebel, gehackt
2 Knoblauchzehen, gehackt
6–7 reife Tomaten (etwa 1,1 kg), geschält und gehackt
1 TL Tomatenmark
Salz und frisch gemahlener schwarzer Pfeffer nach Belieben

Für die Zwiebeln
¼ Tasse Olivenöl
4 mittelgroße Zwiebeln, in feine Scheiben geschnitten

Für den Reis und die Nudeln
¼ Tasse Olivenöl
400 g Rundkornreis
150 g Vermicelli
1 ½ TL Meersalz
1 TL gemahlener Kreuzkümmel

Für die scharfe Sauce
3 Knoblauchzehen, gehackt
1 EL scharfes Paprikapulver
½–1 TL Cayennepfeffer
1 TL gemahlener Kreuzkümmel
1 TL getrockneter Koriander
Salz und frisch gemahlener schwarzer Pfeffer nach Belieben

500 g gekochte Kichererbsen für Salate und Eintöpfe (s. S. 176/177)
250 g schwarze oder grüne Linsen, nach Packungsanleitung gekocht (optional)

1. Für die Tomatensauce das Olivenöl in einem großen Topf bei mittlerer Temperatur erhitzen, die Zwiebeln hinzufügen und etwa 4 Minuten andünsten, bis sie weich sind. Den Knoblauch und die Tomaten dazugeben, kräftig rühren und etwa 10 Minuten kochen, bis die Tomaten zerfallen beginnen. Das Tomatenmark und eine halbe Tasse Wasser hinzufügen, mit Salz und Pfeffer abschmecken und weitere 5 Minuten kochen. Mit dem Pürierstab pürieren.
2. Für die Zwiebeln das Olivenöl in einem großen Topf auf mittlerer Stufe erhitzen, die Zwiebelscheiben hinzufügen und in etwa 30 Minuten goldbraun rösten. Dabei gelegentlich umrühren und eventuell die Temperatur anpassen. Die Zwiebeln mit einem Schaumlöffel aus dem Topf nehmen und auf Küchenkrepp abtropfen und abkühlen lassen.
3. Für den Reis und die Nudeln das Olivenöl in den Topf mit dem verbliebenen Öl geben und den Reis und die Nudeln hinzufügen. Sorgfältig mit dem Öl vermischen und bei mittlerer Temperatur 10–15 Minuten goldbraun garen. Das Salz und den Kreuzkümmel unterrühren. 720 ml kochendes Wasser hinzugeben, den Topf abdecken und alles aufkochen lassen. Die Temperatur reduzieren und den Reis und die Nudeln etwa 18 Minuten abgedeckt köcheln lassen, bis das Wasser vollständig aufgenommen wurde.
4. Für die scharfe Sauce alle Zutaten in eine Schüssel geben und mit Salz und Pfeffer abschmecken. 2 EL Tomatensauce hinzugeben und gut verrühren.
5. Zum Servieren den Reis und die Nudeln auf einer großen Platte verteilen, nacheinander die Tomatensauce, die Kichererbsen und die Linsen (falls gewünscht) darübergeben. Mit den Zwiebeln bestreuen und ein wenig scharfe Sauce darüberträufeln. Sofort servieren.

FERAKH BEL HUMMUS: KICHERERBSENEINTOPF MIT HÜHNCHEN

Dieses Gericht bereitete meine Mutter immer für meine Kinder zu, die es wiederum jetzt für ihre Kinder kochen. *Rezept:* Claudia Roden

Für 4 Personen

3 EL Olivenöl
1 große Zwiebel, gehackt
2 Knoblauchzehen, gehackt
1 TL gemahlener Ingwer
1 TL gemahlene Kurkuma
1 Hühnchen (etwa 1,3 kg), in 8 Stücke portioniert
750 g gekochte Kichererbsen für Salate und Eintöpfe (s. S. 176/177)
3 Kardamomkapseln, geöffnet
Saft und abgeriebene Schale von 1 Zitrone
1 TL Meersalz oder weniger, wenn Hühnerbrühe verwendet wird
½ TL frisch gemahlener weißer Pfeffer
720 ml Hühnerbrühe oder Wasser

Dazu passt
Gekochter weißer Reis

1. Das Olivenöl in einem breiten gusseisernen Topf bei mittlerer Temperatur erhitzen. Die Zwiebeln darin etwa 4 Minuten anbraten, bis sie weich sind. Den Knoblauch, den Ingwer und die Kurkuma hinzufügen. Unter ständigem Rühren etwa 2 Minuten garen, bis die Mischung zu duften beginnt.
2. Die Hühnchenteile mit der Hautseite nach unten in den Topf geben und scharf anbraten, bis die Haut goldbraun ist. Nach 3–5 Minuten wenden und die andere Seite anbraten.
3. Die Kichererbsen, den Kardamom, den Zitronensaft, die Zitronenschale, Salz und Pfeffer hinzufügen und sorgfältig verrühren. Mit etwa 3 Tassen Hühnerbrühe (oder) Wasser aufgießen, bis die Hühnchenteile fast bedeckt sind, und alles aufkochen lassen. Die Temperatur reduzieren und etwa 1 Stunde zugedeckt kochen lassen. Abschmecken und gegebenenfalls nachwürzen.
4. Sofort mit weißem Reis servieren.

BERICAP

HALABESSA: TOMATEN-KICHERERBSEN-SUPPE

Die Tomaten verleihen dieser sättigenden Suppe eine fruchtige Note, während die Kichererbsen für Reichhaltigkeit und Tiefe sorgen – die perfekte Balance zwischen Frische und Gehalt. Mit einer Scheibe kräftigem Brot oder Pita zum Dippen servieren.

Für 4–6 Personen

120 ml Olivenöl
1 mittelgroße Zwiebel, gehackt
2 Selleriestangen, gehackt
1 Karotte, grob gehackt
1 Lorbeerblatt
2 Pimentkörner
3 Knoblauchzehen, grob gehackt
¼–½ grüne Chilischote, z. B. Serrano
2 kg reife Tomaten (8–10 Stück), geschält und gehackt
4 Stängel Petersilie
2 Zweige Thymian
1 Zweig Rosmarin
1 Stängel Salbei
1 kg gekochte Kichererbsen für Salate und Eintöpfe (s. S. 176/177) sowie 1 l Kochwasser
Meersalz und frisch gemahlener schwarzer Pfeffer nach Belieben

Zum Garnieren
gehackte Petersilie

1. Die Hälfte des Olivenöls in einem großen Topf bei mittlerer Temperatur erhitzen. Die Zwiebeln, den Sellerie, die Karotte, das Lorbeerblatt und den Piment hinzugeben und in etwa 5 Minuten goldbraun anbraten. Den Knoblauch und die Chilischote unterrühren. Die Tomaten mit dem restlichen Olivenöl hinzufügen und alles gut verrühren. Halb abdecken und etwa 30 Minuten kochen. Hin und wieder umrühren.
2. Die Kräuter, 750 g Kichererbsen und das Kochwasser hinzugeben. Mit Salz und Pfeffer abschmecken und aufkochen, die Temperatur reduzieren und etwa 20 Minuten köcheln lassen, bis sich die Aromen verbunden haben.
3. Das Lorbeerblatt, den Piment und die Chilischote (wenn es nicht so scharf sein soll) herausnehmen und die Masse mit dem Pürierstab zu einer samtigen Suppe pürieren. Abschmecken.
4. Die Suppe auf Teller verteilen, mit den restlichen Kichererbsen und der Petersilie bestreuen und sofort servieren.

DUKKAH-CRACKER

Dukkah ist eine ägyptische Gewürzmischung aus Erdnüssen oder Haselnüssen, Sesamsamen, Kreuzkümmelsamen, Koriander, Salz und schwarzem Pfeffer. Die Ägypter tauchen gern ein Stück Pita-Brot erst in Olivenöl und dann in die Gewürzmischung. In diesem Rezept wird diese Gewohnheit einen Schritt weitergedacht und die Gewürzmischung mit knackigen herzhaften Crackern kombiniert.

Für etwa 36 Cracker

125 g Weizenvollkornmehl
90 g Kichererbsenmehl
½ TL Salz
70 g Sesamsamen, plus 2 EL zum Bestreuen
3 EL fertige oder selbst gemachte *Dukkah*-Gewürzmischung (Rezept siehe unten)
60 ml Olivenöl

***Dukkah*-Gewürzmischung**
70 g Sesamsamen
70 g Haselnusskerne oder Erdnusskerne
80 g Koriandersamen
Die Samen und Nüsse jeweils separat bei mittlerer Temperatur in einer Pfanne ohne Fett anrösten, bis sie zu duften beginnen und aufplatzen. Abkühlen lassen. Anschließend die Nüsse grob hacken und den Koriander mahlen.
1 TL gemahlener Kreuzkümmel
1 TL Salz
Beides dazugeben und das Ganze gut durchmischen. In einem luftdichten Gefäß hält sich *dukkah* im Kühlschrank etwa 3 Wochen.

1. Den Backofen auf 180 °C vorheizen.
2. Die Mehle, das Salz, die Sesamsamen und das *dukkah* in die Küchenmaschine geben und gut mischen. 120 ml Wasser und das Olivenöl hinzufügen und alles in etwa 3 Minuten zu einem weichen, klebrigen Teig kneten. Bei Bedarf 1–2 EL Wasser hinzugeben.
3. Den Teig zwischen zwei Bogen Backpapier (38 × 42 Zentimeter) etwa 5 Millimeter dick ausrollen. In der Mitte beginnen und in die Ecken des Backpapiers vorarbeiten. Der Teig sollte überall gleich dick sein, damit er gleichmäßig backt.
4. Das obere Backpapier abnehmen, 2 EL Sesamsamen über den Teig streuen und leicht hineindrücken. Den Teig mit dem Backpapier auf ein Backblech legen.
5. Den Teig mit einer Gabel einstechen, damit er nicht aufgeht. Mit einem scharfen Messer oder einem Pizzaschneider etwa 36 Cracker in der gewünschten Form einschneiden oder einritzen, damit sie nach dem Backen leichter abzubrechen sind.
6. Etwa 20 Minuten goldbraun backen. Sollten einige Cracker früher fertig sein, aus dem Ofen nehmen. Abkühlen lassen. In einem luftdichten Behälter bleiben die Cracker 3 Tage schön knackig.

Coffee
BARAKAT

غزة

DER KEBAB DES ARMEN MANNES – KICHERERBSEN KOCHEN – HUMMUS BI TAHINE: HUMMUS MIT TAHINI – ZWIEBEL-FALAFEL – DILL-FALAFEL – KICHERERBSEN-CONFIT

Gaza

KASHK: KICHERERBSEN-LINSEN-SUPPE – KICHERERBSENEINTOPF MIT KALBFLEISCH UND SHATTA-PAPRIKA – MAFTOUL: PALÄSTINENSISCHES COUSCOUS – ENGEL IN GAZA

עזה

مجموعة
مطاعم

حبوبة

DER KEBAB DES ARMEN MANNES

Mousa Tawfiq

DIE FREITAGSTRADITION

Ich bin Mousa Tawfiq, 23 Jahre, Journalist und Musiker aus Gaza, Palästina. Meine Mutter, Sawsan Bajes, 50, hat ihre Jugend in einem Flüchtlingscamp in Syrien verbracht, nachdem ihre Eltern 1948 ihr Heimatdorf Ni'lin verlassen mussten. Sie hat von ihrer Mutter gelernt, wie man das perfekte Hummus und die perfekte Falafel zubereitet. Meine Mutter ist der Auffassung, dass Kochen Liebe bedeutet und dass man für Hummus und Falafel sonst weiter keine besonderen Zutaten braucht.

Obwohl sich mein Vater immer beschwert, er bekäme von dem Gemüse, vor allem von den Kichererbsen, Bauchschmerzen, hält meine Mutter an der Freitagstradition fest: Zum Frühstück gibt es Falafel und Hummus. »Die einmalige Chance, dass sich die Familie am Wochenende treffen und gemeinsam essen kann«, sagt sie.

Deshalb steht sie jeden Freitag schon um vier Uhr früh auf. Nach dem Gebet bereitet sie die Zutaten für die Falafel vor: Kichererbsen, Petersilie, Zwiebeln und Knoblauch. Sie werden püriert und dann werden die Gewürze untergerührt: Salz, Pfeffer, Kreuzkümmel, Koriander und Paprika. Der Teig ruht ein paar Stunden, bevor sie Natron hinzugibt und die Falafeln bereit zum Frittieren sind.

Die Zubereitung von Hummus ist einfacher – alle Zutaten werden bloß in die Küchenmaschine gegeben und püriert. »Ich nehme Kichererbsen, Salz und Tahini, manchmal auch Pfeffer«, sagt sie. »Das Wichtigste ist es, nicht zu viel Tahini zu nehmen, denn es ist recht dominant, und wir wollen die Kichererbsen auch noch schmecken können.«

Meine Mutter und ihre Freundinnen, die ebenfalls in Flüchtlingslagern gelebt haben, sind überzeugt, dass Hummus und Falafel untrennbar mit unserem historischen Erbe verbunden sind. Die kulinarische Freitagstradition ist für sie das Mindeste, was sie tun können, um ihre Nachkommen an deren

Wurzeln zu erinnern. »Beim Kochen dieser Gerichte geht es nicht um Rezepte, Zutaten und Zubereitungsarten, mein Sohn. Es geht um Erinnerungen und Menschen und um die Geschichten, die wir erzählen wollen.«

IN JEDER STRASSE EIN RESTAURANT

Ein kurzer Spaziergang durch Gaza reicht aus, um die Liebe der Einheimischen zu Falafel und Hummus zu erkennen. In jeder Straße gibt es mindestens ein Restaurant oder einen Imbissstand. Einige Straßen oder Plätze sind sogar nach Falafel- oder Hummusrestaurants benannt, die Abu-Talal-Kreuzung zum Beispiel trägt den Namen des Restaurants Abu Talal, obwohl dort auch die größte Bäckerei von Gaza und das dazugehörige Kaffeehaus liegt. Seit den 1950er-Jahren ist das Abu Talal eines der beliebtesten Falafelrestaurants der Stadt und wird mittlerweile in der dritten Generation betrieben. Es werden hauptsächlich Falafel und seit Kurzem auch Hummus angeboten.

Das Abu Talal besticht durch seine Schlichtheit. Es gibt keine Tische oder Stühle, Dutzende Gäste aus allen Gesellschaftsschichten stehen dicht gedrängt und genießen ihr Essen. »Hier gibt's keinen Salat und auch keine Pommes, nur Falafel und Hummus«, sagt Khaled Ahmed, 43, Stammgast im Abu Talal. Er kehrt jeden Tag hier ein, bevor er zur Arbeit geht.

Ein weiteres Beispiel ist das Zahran, das in Gaza-Stadt sechs Filialen hat. Es bietet eine etwas größere Auswahl an Gerichten und Sandwiches: Falafel, Hummus, *ful medames* (ein herzhaftes Gericht mit Fava-Bohnen), *msabaha* (Hummus und *ful medames*) sowie Salate und eingelegtes Gemüse. »Unser Erfolgsgeheimnis ist Hingabe und Teamwork in der Familie«, sagt Muhammad al-Jabali, 32, der im Zahran arbeitet. »Wir haben diese Gerichte überarbeitet und Tradition, Moderne und Kreativität miteinander vereint.«

DER KEBAB DES ARMEN MANNES

Mit einer Arbeitslosenquote von 43,2 % ist Gaza ein Gebiet, in dem viele Menschen sehr arm sind. Für die notleidende Bevölkerung sind Hummus und Falafel preiswerte Alternativen zu teuren Fleischgerichten.

»Ich bin Bauarbeiter«, sagt Ahmed Fares, 39. »Ich verdiene 50 Schekel am Tag und kann mir kein Fleisch leisten, denn ein Kilo Fleisch kostet 60 Schekel. Hummus und Falafel kosten aber nur 10 Schekel, ein Segen, denn so habe ich für mich und meine drei Kinder ein warmes, nahrhaftes Essen.«

Für Fares und viele andere sind Falafel und Hummus »gleichwertige Alternativen zu Fleisch und Kebab«, wie er sagt. »In Gaza gibt es viele leere Metzgereien, aber ein leeres Hummus- und Falafelrestaurant? Das findest du nicht.«

Ich habe mein ganzes Leben im besetzten Gazastreifen verbracht, und das hat mich geprägt, meine Persönlichkeit, meinen Glauben, meine Begabungen und ganz offensichtlich auch meine Essgewohnheiten. Seit ich denken kann, sind Hummus und Falafel meine Lieblingsgerichte. Als ich sie zum ersten Mal gegessen habe, war ich vielleicht drei. Neun Jahre lang war ich auf der UNRWA (United Nations Relief and Work Agency), einer Schule für palästinensische Flüchtlinge, danach drei Jahre auf einer staatlichen Schule und schließlich vier Jahre auf einer staatlichen Universität. Während dieser ganzen Zeit waren Hummus und Falafel das einzige Frühstück, das es je gab.

Ob im Winter mit einer Tasse Tee oder im Sommer mit einem Glas Saft – ein Sandwich mit Hummus und Falafeln ist eine perfekte und preiswerte Mahlzeit für Schüler jeder Altersstufe und Menschen jeder sozialen Schicht. Und bis heute freut sich die ganze Familie weiterhin auf den Freitag und das Hummus-und-Falafel-Frühstück. »Wir sind jeden Freitag bei meiner Großmutter. Sie macht die leckersten Falafeln und das beste Hummus«, schwärmt mein Neffe Majd, sechs Jahre alt. »Wir unterhalten uns über die Woche, essen zusammen und haben es schön. Ich werde Großmutter immer besuchen, ihr von meinem Tag in der Schule und meinen Freunden erzählen und dabei Falafel und Hummus essen.«

...

Mousa Tawfiq ist palästinensischer Journalist und Wissenschaftler aus Gaza und lebt in Paris.

لئن شكرتم لأزيدنكم ..
مطعم الخزندار

»Kein Christ oder Jude oder Moslem, kein Hindu, Buddhist, Sufi oder Zen. Keine Religion oder kulturelles System.« Aus einem Ghasel in Rumis Meisterwerk *Dīvān-e Kabīr* aus dem 13. Jahrhundert, verfasst zu Ehren seines spirituellen Lehrers und Freundes Shams Tabrizi.

Farsi-Kalligrafie eines wirbelnden Derwischs von Josh Berer

KICHERERBSEN KOCHEN

Rumi

Sieh dir die Kichererbse an im Topfe,
wie hoch sie springt, sobald das Wasser kocht!
Die Kichererbse steigt zum Topfesrand,
wenn's Wasser braust, und schreit wohl hundertmal:
»Warum setzt du mich denn dem Feuer aus,
was hast du mich gekauft und umgedreht?«
Die Hausfrau nimmt die Kelle her:
»Oh nein! Du koch mal schön und spring vom Feuer nicht!
Ich lass dich kochen, nicht weil ich dich hasse,
nein, dass Geschmack du kriegst und gut bekommst,
damit du Speise wirst, mischst dich der Seele,
die Prüfung dient nicht der Erniedrigung.
Du trankst im Garten Wasser, frisch und grün,
das Wasser kam um dieses Feuers willen:
denn Gnade geht ja Seinem Zorn voraus.
Für die Geprüften wird es Gnade dann.«
Die Erbse sprach: »Wenn dem so ist, oh Dame,
will ich gern kochen, hilf mir auf dem Pfade!
Du baust als Architekt mich auf durch Kochen.
Schlag mit dem Löffel mich – schön ist das Schlagen!
Ein Elefant ich – schlag mich auf den Kopf,
dass ich nicht mehr von Indiens Garten träume,
dass ich mich ganz dem Kochen überlasse,
den Weg zu finden zu des Freunds Umarmung.«
Die Dame sagt: »Wie du war früher ich,
ein Teil war ich von dieser Erdenwelt.
Als ich den feurigen Pokal getrunken des Kampfes Seele,
ward ich angenehm.
Ein Weilchen kochte ich so in der Zeit,
ein Weilchen in dem Topf des Leibes auch.
Zweifaches Kochen gab mir Kraft der Sinne,
Ich ward zum Geist und wurde so dein Lehrer.«

Rumi (1207–1273), aus *Das Masnavi: Drittes Buch*, Vers 4159–4190

HUMMUS BI TAHINE: HUMMUS MIT TAHINI

Dieses mit Tahini angereicherte Hummus hat einen ausgeprägten Geschmack nach Kichererbsen. Da frischer Zitronensaft das Hummus nach einigen Stunden oxidieren lässt, sollte es gleich am Zubereitungstag gegessen werden. Wird Zitronensäure verwendet, hält sich das Hummus abgedeckt 2–3 Tage im Kühlschrank.

Für 4 Personen

500 g gekochte Kichererbsen für Salate und Eintöpfe (s. S. 176/177), abgekühlt, plus 80 ml Kochwasser
¾ TL Zitronensäure oder 1 EL frisch gepresster Zitronensaft
¾ TL Salz
250 g Tahini
3 EL Olivenöl
½ TL gemahlener Kreuzkümmel

1. Die Kichererbsen, das Kochwasser, die Zitronensäure (oder den Zitronensaft) und das Salz in der Küchenmaschine etwa 2 Minuten zu einem weichen Teig pürieren.
2. Die Hälfte des Tahini und 60 ml Wasser dazugeben und weitere 2 Minuten rühren, bis eine homogene Masse entsteht. Das Olivenöl, den Kreuzkümmel, das restliche Tahini und weitere 60 ml Wasser hinzufügen und noch einmal 2 Minuten rühren.
3. Das Hummus in einen luftdichten Behälter füllen, mit Plastikfolie abdecken, damit keine Haut entsteht, und vor dem Servieren mindestens 2 Stunden kühl stellen.

ZWIEBEL-FALAFEL

Dieses Rezept basiert auf einer einfachen Falafelmasse: Gemahlene Kichererbsen werden über Nacht mit Salz, etwas Kreuzkümmel und Koriander in Wasser eingeweicht. Die Überraschung versteckt sich im Inneren der Falafel: eine Zwiebelfüllung mit Sumach, das den Zwiebeln die Schärfe nimmt und dem Ganzen einen leicht herben Geschmack verleiht.

Für 45 Bällchen

500 g getrocknete Kichererbsen
1 mittelgroße Zwiebel, fein gehackt
1 EL Sumach
2 Knoblauchzehen
¼–½ grüne Chilischote, z. B. Serrano
1 EL Salz
1 TL gemahlener Kreuzkümmel
1 TL gemahlener Koriander
1 TL Natron
Pflanzenöl zum Frittieren

Dazu passt
Tahini-Sauce (s. S. 281)

1. Die Kichererbsen gründlich abbrausen, in eine Schüssel geben, mit Wasser aufgießen, dass sie mindestens 5 Zentimeter bedeckt sind, und im Kühlschrank 12 Stunden einweichen. Abgießen und erneut abbrausen, beiseitestellen.
2. Die Zwiebel und das Sumach in eine Schüssel geben und mit den Händen das Gewürz in die Zwiebel einmassieren, damit sie weicher wird.
3. Im Standmixer die Kichererbsen, den Knoblauch und die Chilischote pürieren, wenn nötig, in mehreren Portionen.
4. In eine große Schüssel geben und Salz, Kreuzkümmel, Koriander, 80 ml Wasser und Natron unterrühren. Die Masse sollte krümelig, aber feucht genug sein, damit sie die Form hält, wenn man sie zusammendrückt.
5. Eine tiefe Pfanne etwa 5 Zentimeter hoch mit Öl füllen und auf 180 °C erhitzen. Aus der Mischung walnussgroße Bällchen rollen, mit dem Finger eine Vertiefung hineindrücken und jeweils ½ TL Füllung hineingeben. Verschließen und wieder zu Bällchen rollen. Mit den restlichen Bällchen genauso verfahren.
6. Immer sechs Falafelbällchen auf einmal ins heiße Öl geben und etwa 3 Minuten goldbraun frittieren. In einem Küchensieb oder auf einem Küchenkrepp abtropfen lassen.
7. Warm auf eine Servierplatte geben und mit Tahini-Sauce servieren.

DILL-FALAFEL

In Gaza werden dem Teig oft reichlich Kräuter beigegeben, was den ausgebackenen Falafelbällchen eine kräftig grüne Farbe und einen ausgeprägten Geschmack nach Knoblauch und Dill verleiht.

Für 40 Bällchen

400 g getrocknete Kichererbsen
½ Tasse frischer Koriander
½ Tasse frische Petersilie
½ Tasse frischer Dill
5 Knoblauchzehen
3 grüne Chilischoten, z. B. Serrano, ohne Samen
2 TL gemahlener Kreuzkümmel
2 TL gemahlener Koriander
2 TL frisch gemahlener schwarzer Pfeffer
¼ TL geriebene Muskatnuss
2 TL Salz
1 TL Natron
2 EL Sesamsamen
Pflanzenöl zum Frittieren

Dazu passt
Tahini-Sauce (s. S. 281)

1. Die Kichererbsen gründlich abbrausen, in eine Schüssel geben und mit Wasser aufgießen, dass sie mindestens 5 Zentimeter bedeckt sind. Im Kühlschrank 12 Stunden einweichen. Abgießen, erneut abbrausen und beiseitestellen.
2. In einem Standmixer die Kichererbsen, den Koriander, die Petersilie, den Dill, den Knoblauch und die Chilischoten zu einer groben Masse pürieren, wenn nötig in mehreren Portionen.
3. Die Gewürze, das Salz, das Natron und die Sesamsamen hinzufügen und weitere 1–2 Minuten pürieren. Die Mischung sollte krümelig, aber feucht genug sein, damit sie die Form hält, wenn man sie zu einem Bällchen rollt. Ist sie zu trocken, 1–2 EL Wasser hinzufügen.
4. Eine tiefe Pfanne etwa 5 Zentimeter hoch mit Öl füllen und auf 180 °C erhitzen. Aus der Mischung mit einem Falafellöffel oder einem Eiscremeportionierer walnussgroße Bällchen formen und leicht flach drücken.
5. Immer sechs Falafelbällchen auf einmal ins heiße Öl geben und etwa 3 Minuten goldbraun frittieren. In einem Küchensieb oder auf einem Küchenkrepp abtropfen lassen.
6. Warm auf eine Servierplatte geben und mit Tahini-Sauce servieren.

KICHERERBSEN-CONFIT

Bei diesem traditionellen Gericht wird das teure Fleisch durch Lammfett ersetzt. Die Kichererbsen werden bei schwacher Hitze mehrere Stunden lang auf einem Petroleumkocher gekocht, damit sie das intensive Aroma des Lammfettes aufnehmen.

Für 4 Personen

100 g Lammfett
240 ml Olivenöl
1 kg gekochte Kichererbsen für Salat und Eintöpfe (s. S. 176/177)
5 Knoblauchzehen
1 Lorbeerblatt
2 Pimentkörner
Salz und frisch gemahlener weißer Pfeffer nach Belieben

Dazu passt
Pita-Brote (s. S. 124)
Gekochter weißer Reis

1. Das Lammfett und das Olivenöl in einen großen Topf mit schwerem Boden geben und bei mittlerer Temperatur etwa 10 Minuten auslassen.
2. Die Kichererbsen, den Knoblauch, das Lorbeerblatt, den Piment, Salz und Pfeffer dazugeben und den Topf sanft schütteln, damit sich das Ganze vermischt.
3. Etwa 1 Stunde kochen, bis die Kichererbsen weich genug sind, sie sollten bei Druck zerfallen. Abschmecken.
4. Mit Pita-Brot oder Reis servieren.

حمص نبات مشهوردر ● شیخ ایدر اکلی تحسین وجه ایرآث ایدر ● دهنی قوبیه
نافعدر ● دقیقی قروح خبیثه یی اصلاح ایدر ● و نقیعی اوجاع ضرسی ازاله ایدر

خندقوق اعشابدن بر نوع اوتدر ● شیخ ایدر صرعه و وجع خوانیقه نافعدر ●
بر دخی تهییج باه ایدر ● تخمندن اوچ حبه صاحب حمایه اوچ کون ویرلسه باذن الله
تعالی دفع ایدر ● بعضیلر ایدر عجب کوتدر ● لسع حیه یه نافعدر **وهذا مثاله**

KASHK: KICHERERBSEN-LINSEN-SUPPE

Von dieser Suppe gibt es viele Versionen, aber alle basieren auf *kashk*, einer getrockneten Joghurtmasse, die man in heißem Wasser auflöst.

Für 4–6 Personen

200 g Kichererbsen
3 EL Olivenöl
2 mittelgroße Zwiebeln, gehackt
5 Knoblauchzehen, fein gehackt
2 l Brühe oder Wasser
50 g getrocknete grüne Linsen
1 TL gemahlene Kurkuma
1 TL gemahlener Kreuzkümmel
½ TL gemahlene Koriandersamen
Salz und frisch gemahlener schwarzer Pfeffer nach Belieben
2 Tassen gemischte Kräuter, z. B. Dill, Koriander und Minze, gehackt
3 Schalotten, gehackt
100 g *kaschk* in 120 ml heißem Wasser gelöst oder 240 g Vollfettjoghurt oder saure Sahne

Dazu passt

100 g Eiernudeln, al dente gekocht
1 Zitrone oder Limette, in Spalten

1. Die Kichererbsen gründlich abbrausen, in eine Schüssel geben und mit Wasser aufgießen, dass sie mindestens 5 Zentimeter bedeckt sind. Im Kühlschrank 12 Stunden einweichen. Abgießen, abbrausen und beiseitestellen.
2. Das Olivenöl in einem großen Topf bei mittlerer Temperatur erhitzen, die Zwiebeln dazugeben und unter ständigem Rühren etwa 30 Minuten goldbraun braten. Den Knoblauch hinzufügen und 1 Minute weitergaren. Die Hälfte der Mischung zum Servieren beiseitestellen.
3. Die Kichererbsen und die Brühe (oder das Wasser) in den Topf geben, aufkochen, dann die Temperatur reduzieren und zugedeckt etwa 1 ¼ Stunden köcheln lassen, bis die Kichererbsen weich sind.
4. Die Linsen, die Kurkuma, den Kreuzkümmel und den Koriander hinzufügen, mit Salz und Pfeffer würzen. Etwa 40 Minuten kochen, bis die Linsen und die Kichererbsen durchgekocht sind. Falls die Flüssigkeit komplett aufgenommen ist, noch 1 Tasse Wasser nachgießen.
5. 50 g gemischte Kräuter, die Hälfte der Schalotten und 120 ml aufgelösten *kaschk* (oder Joghurt oder Sahne) hinzufügen, den Rest beiseitestellen. Gut verrühren und abschmecken. Achtung: *kaschk* ist salziger als Joghurt oder saure Sahne.
6. Die Eiernudeln auf Teller oder Schüsseln verteilen und die Suppe darübergießen. Die restliche Zwiebelmischung daraufgeben und mit Kräutern, Schalotten und *kaschk* garnieren. Vor dem Servieren auf jeden Teller eine Zitronen- (oder Limetten-)spalte legen.

Links:
Bockshornklee *(hulbah)*, Kichererbsen *(himmis)* und Honigklee *(handaquq)*. Die türkische Fassung des Kodex *Ajā'ib al Makhlūqāt* (Wunder der Schöpfung) von Zakarīyā al-Qazwīnī aus dem 12. Jahrhundert, zusammengestellt von Muhammad Shākir Rūzmah-i Nāthānī. The Walters Art Museum, Baltimore

KICHERERBSENEINTOPF MIT KALBFLEISCH UND SHATTA-PAPRIKA

Wer den Zutaten die Fülle ihrer Aromen entlocken will, muss sie langsam kochen wie diesen herzhaften Eintopf, bei dem sich Kichererbsen und Kalbfleisch harmonisch verbinden. Ergänzt wird das Ganze von Shatta-Paprika, einer Chilischote, die sowohl mild als auch scharf sein kann und leicht säuerlich schmeckt. Der Eintopf schmeckt am besten, wenn man ihn bereits 2 Tage vorher kocht.

Für 6–8 Personen

60 ml Olivenöl
4 Kalbshaxen
2 mittelgroße Zwiebeln, gehackt
2–3 Shatta-Paprika oder rote Chilischoten, z. B. Fresno (frisch oder getrocknet)
3 Knoblauchzehen, fein gehackt
1 EL fertiges oder selbst gemachtes *baharat* (s. S. 376)
900 g reife Tomaten, geschält und gehackt
2 EL Tomatenmark
500 g gekochte Kichererbsen für Salate und Eintöpfe (s. S. 176/177)
Salz und frisch gemahlener schwarzer Pfeffer nach Belieben

Dazu passt
Gekochter weißer Reis

1. Das Olivenöl in einem großen Topf bei mittlerer Temperatur erhitzen und das Kalbfleisch darin auf beiden Seiten etwa 10–12 Minuten anbraten, dabei hin und wieder wenden. Das Fleisch herausnehmen und beiseitestellen. Die Zwiebeln in den Topf geben und in etwa 5 Minuten weich dünsten, dann die Shatta-Paprika (oder Chilischoten), den Knoblauch und das *baharat* unterrühren.
2. Die Tomaten dazugeben und etwa 5 Minuten dünsten, das Tomatenmark hinzufügen und weitere 3 Minuten köcheln lassen. Die Kalbshaxen darauflegen, 1½ l Wasser darübergießen und alles zum Kochen bringen.
3. Mit einem Löffel den Schaum abschöpfen, die Temperatur reduzieren und abgedeckt etwa 1½ Stunden simmern lassen.
4. Die Kichererbsen hinzufügen und das Ganze 1 Stunde kochen, bis das Fleisch von den Knochen fällt und die Kichererbsen sehr weich sind. Mit Salz und Pfeffer abschmecken. Wenn der Eintopf zu trocken wird, Wasser nachgießen.
5. Vom Herd nehmen und etwa 15 Minuten ruhen lassen. Dann mit weißem Reis servieren.

MAFTOUL: PALÄSTINENSISCHES COUSCOUS

Maftoul ist das palästinensische Couscous. In der italienischen Küche wird es *fregola* genannt, in den USA heißt es Israelisches Couscous und in Israel *ptitim.* Grundlage sind schnell kochende Getreidekörner, die aber auch ihre Form und ihre Textur behalten, wenn sie langsam gegart werden. *Maftoul* kann als Beilage oder als Hauptgericht serviert werden.

Für 4 Personen

60 ml Olivenöl
1 mittelgroße Zwiebel, fein gehackt
220 g Lammhack
500 g *maftoul*, *fregola* oder Israelisches Couscous
1 TL fertiges oder selbst gemachtes *baharat* (s. S. 376)
1 TL gemahlener Kreuzkümmel
1 TL Salz
½ TL frisch gemahlener schwarzer Pfeffer
720 ml kochende Brühe
500 g gekochte Kichererbsen für Salate und Eintöpfe (s. S. 176/177)

1. Das Öl in einem großen Topf bei mittlerer Temperatur erhitzen und die Zwiebel darin in etwa 8 Minuten goldbraun anbraten. Das Hackfleisch hinzugeben und etwa 10 Minuten anbraten, dabei mit dem Holzlöffel zerkleinern und gleichmäßig bräunen.
2. Das *maftoul* hinzufügen und unter ständigem Rühren in etwa 3 Minuten goldbraun anbraten. Das *baharat*, den Kreuzkümmel, Salz und Pfeffer unterrühren und weitere 1–2 Minuten braten.
3. Die Brühe und die Kichererbsen unterrühren und aufkochen. Die Temperatur reduzieren und zugedeckt etwa 6 Minuten köcheln, bis die Flüssigkeit verdampft ist.
4. Vom Herd nehmen, vorsichtig umrühren, abdecken und etwa 6 Minuten ruhen lassen. Anschließend servieren.

Adam und Eva von Peter Paul Rubens, Rubens House, Antwerpen/Michel Wuyts und Louis De Peuter

ENGEL IN GAZA

Anna-Marie Ravitzki

Ich liebe Falafeln und das knisternde Geräusch, wenn sie in Öl frittiert werden. Als Kind nahmen meine Mutter und ich den Bus der Linie 40 oder 42 nach Jaffa, nur um Falafel zu essen. Zurück liefen wir dann zu Fuß über den Jerusalem Boulevard. Heute sitze ich auf einem Felsen in Südfrankreich, Insekten umschwirren mein Gesicht und ich versuche die Bedeutung dieser Worte zu erfassen. Im Haus an der Ecke Wolfson und Herzl Street befand sich im dritten Stock eine Synagoge. Ich dachte damals, das sei ein Ort, wo man für seine Sünden büßen müsste, wo man Bar Mitzvah feierte und *arbes* aß, gekochte Kichererbsen mit viel Salz und Pfeffer. Mein Vater lachte nur und sagte: »Iss nicht zu viel davon, *arbes* machen Luft im Bauch!«

Als ich älter wurde, suchte ich in Gaza nach Engeln und traf auf Derwische. Den Klang ihrer Schilfrohrflöten und ihre liebevollen Geschichten über Rumi werde ich nie vergessen. Wir tranken Tee und aßen Obst. Ein Derwisch sah aus wie ein Gott und hatte die Augen von Apollon, die ganz weit in die Ferne blicken. Später nahm er mich mit an einen Falafelstand. Für mich war dieser Derwisch ein Engel und seine Augen waren so blau, als würde in ihnen Gottes unendliche Güte mit dem Falafelstand und dem Himmel verschmelzen. Ich wusste, dass er mich gesehen hatte. Immer wenn heute schlecht über Gaza gesprochen wird, erstarre ich vor Scham.

Später begann ich meine eigene Reise durch stürmische, in Blau getauchte Orte, auf der Suche nach bemoosten Steinen, nach Schiffen, den Stimmen der Fischer, dem knisternden Geräusch von frittierten Kichererbsen und dem Sinn des Lebens. Diese Wanderungen durch philosophische und mythologische Welten führten mich zur Dialektik. Hier sind zwei oder mehr Menschen nötig, die sich über die Entwicklung eines ethischen Modells Gedanken machen, um eine Antwort auf unsere Existenz zu finden, während man gleichzeitig nach der Verantwortung für die Ordnung in diesem Kreislauf des Lebens sucht.

Platon nannte sein großes Werk nicht umsonst *Symposion*. Während dieses Gastmahls hält Sokrates seine Rede über die Liebe zur Güte und zur Weisheit und über Eros und den Pfad der Tugend. Wir sind alle mit einem mythischen

Gewissen aufgewachsen, geprägt durch den Baum der Erkenntnis, mit dem Bewusstsein von Gut und Böse. Gott hat dem Menschen verboten, vom Baum der Erkenntnis zu essen, alle transzendenten Normen manifestieren sich im Pflücken der verbotenen Frucht und in ihrem Geschmack. Der Mensch tat nicht, wie Gott ihn geheißen hatte, und aß vom verbotenen Obst. Das war der Beginn einer ethischen Auseinandersetzung. Nachdem sie in den Apfel gebissen hatten, wurden Adam und Eva sich gewisser Dinge gewahr. Damit fiel eine Grenze zwischen Gott und dem Drang nach existenzieller Freiheit von Adam und Eva. Die Entscheidung, vom Apfel zu essen, führte dazu, dass sie sich den Grenzen der substanziellen Welt unterwerfen mussten.

Kain und Abel – beide brachten Gott Opfergaben dar, einer Fleisch, der andere Früchte und Gemüse. Gott gefiel das eine, das andere lehnte er ab. Aber warum? Zweifelte er an Kains aufrichtigem Glauben? Ist Abel ein aufrichtigerer Mensch, eine Aufrichtigkeit, die sich aus seinem Glauben speist? Kann Essen einerseits eine ethische Veränderung bewirken und andererseits die wahre Persönlichkeit eines Menschen widerspiegeln? Kain tötet Abel, der erste Mord der Geschichte, Ausdruck von Eifersucht vor dem Hintergrund einer Opfergabe.

Der Derwisch in Gaza servierte mir Früchte, der Himmel war klar. Seine Gesten waren sanft. Er sprach von Gott und mein Körper atmete. Ich erkannte mich selbst in der Hand, zu mir ausgestreckt mit der Hälfte eines Apfels, den er zuvor mit einem scharfen Messer durchteilt hatte. Der Ort wurde zum sokratischen Gastmahl, wir aßen einen Apfel vom selben Teller und sprachen miteinander. Danach war das Wasser im Glas kalt, der Raum wirkte durchscheinend, wir alle aßen das gleiche Essen und atmeten die gleiche Luft. Draußen am Falafelstand, im Angesicht dieses Schicksals, das wir alle teilen, begriff ich, warum Gott Kains Opfer abgelehnt hatte. Die Mythen erzählen von der allumfassenden Bedeutung des Essens.

Das enthüllte mir der Derwisch mit den blauen Augen. Wie ein Kunstwerk bringt uns das Essen in Kontakt mit der Ethik, der Psychologie und der Identität, die sich in uns Menschen in der langen Zeit als Jäger, Sammler, Bauer, Bäcker, Koch, Dichter und Wissenschaftler herangebildet hat. Die Menschheit hat all das zur gleichen inneren Erfahrung verfeinert, wo die Sprache nur bezeichnen kann, was Gaumen und Seele zur Geltung bringen. Unsere Aufgabe ist es, Nahrung zu sammeln und für Gleichheit zu sorgen, für eine Verbindung zwischen der Menschheit, der Phänomenologie und einer möglichen Ethik, denn Essen ist ein ursprünglicher und zugleich mythischer Akt. Nahrung bedeutet für den Menschen Sprache, Zunge, Gaumen und Logos. Jedes Individuum erschafft kreative Entwürfe und verwandelt das Essen in einen Akt der Sinnlichkeit und Ästhetik.

Durch die Mythologie, eine existenzielle Fracht, sollen wir die Grenzen unserer Erkenntnis und unserer Wahrnehmung erfahren, die Grenzen unserer Offenheit gegenüber dem Anderen und dem Fremden. Die Stimme meines Gewissens meldete sich an diesem Falafelstand und in den unergründlichen blauen Augen des Derwischs. Das Essen war authentisch, eine unendliche Erfahrung ekstatischer Art, es schuf ein dialektisches Zusammentreffen voller Glauben, dessen Ethik darin liegt, sich für den anderen hinzugeben. Eine Dialektik der Menschlichkeit und des Sinns in einem Apfel und an einem Falafelstand an einer belebten Straße. Ein nichtauthentischer Mensch sucht nur oberflächliches Geplauder, auch übers Essen. Dass er sich um seine Zugehörigkeit sorgt statt um den dialektischen Sinn, spiegelt den Verfall des Menschen wider, der sich auch im Gebrauch der Sprache erweist: Wem gehört das Hummus? Solche sprachliche Gestaltung entfremdet uns einander. Hummus und Falafel und Apfel sind für mich die Stimme des Gewissens, die den Einzelnen anspricht, durch den authentischen Akt des Essens.

Es geht im Grunde nicht darum, wem das Hummus gehört – es geht um dich und mich. Die Dialektik und das Auf-der-Suche-Sein bedeuten, dass wir uns direkt an den anderen wenden, mit einer Nähe, die jede Trennung aus der Welt schafft, denn du und ich haben bereits von der verbotenen Frucht gegessen und sind jetzt in einem Dialog, in dem jeder von uns dem anderen das ethische Anrecht auf Existenzberechtigung, Gleichheit und Liebe zugesteht. Die Phänomenologie und die Bedeutung, der Dialog und die Liebe offenbaren sich in der Textur des Essens und sollen unsere Herzen einander näherbringen.

...

Anna-Marie Ravitzki ist Philosophin, Dichterin und Künstlerin und lebt und arbeitet in Paris und im Périgord. Ihr Forschungsfeld ist der Raum zwischen Philosophie und Wissenschaft, ihre Bücher erschienen auf Hebräisch, Französisch und Deutsch. Der renommierte französische Verlag Gallimard verlieh ihrem Gedichtband *Le Voile de L'Ange* (Der Schleier des Engels) den Prix Alain Bosquet.

Feuerholzverkäufer beim Falafelessen in ihrem kleinen Laden auf dem belebten Firas-Markt in Gaza-Stadt.

Falafelverkäufer in einem
Imbissstand in Gaza

فلاف
أبو

يافا

ERINNERUNGEN AN DIE KÜCHE MEINER MUTTER – HUMMUS BIL SHATTA: HUMMUS MIT CHILIPASTE –MSABAHA: SCHWIMMENDE KICHERERBSEN – MESHULASH: DREIERLEI HUMMUS À LA ABU HASSAN

Jaffa

SARDINEN-FALAFEL – HUMMUS AUS WEISSEN FAVA-BOHNEN – PITA-BROTE – EINE KURZE GESCHICHTE DES HUMMUS – DIE GESCHICHTE VON MULLAH NASREDDIN UND SEINEM MANTEL

יפו

לאבי
לפלוגת איסוף
אין עליכם

אין כמו יפו בחומוס

SORRY I'M

קפה מזל
טוטו
Racer
הימורים על
מרוצי סוסים
KENO
KENO
Winner
בחמישי
50

Shulamit tritt in die Fußstapfen ihres Mannes, der das legendäre Falafel Itzik gründete.

אריז
PLEASURE TIME

In diesem traditionellen *Tabun*-Ofen über einer offenen Feuerstelle werden die flachen Teigfladen, damit sie so richtig knusprig werden, an die Ofenwände gedrückt. Die fertigen Brote werden für Wraps verwendet und in Hummus getunkt.

ERINNERUNGEN AN DIE KÜCHE MEINER MUTTER

Joudie Kalla

Ich bin in einer palästinensischen Familie aufgewachsen, wo es niemals langweilig war. Bei uns war immer Betrieb, Schwestern, Brüder und Verwandtschaft gingen ein und aus und alle wurden gut verpflegt. Wenn ich an die Menge und die Auswahl an Essen denke, habe ich keine Ahnung, wie meine Mutter es hinbekommen hat, uns in diesen Mengen und vor allem in dieser wundervollen Vielfalt zu verköstigen: *labneh*, Oliven, Gurken und Radieschen, dazu *za'atar*. Und natürlich Kichererbsen in allen Variationen.

Meine Kindheit wurde auf Schritt und Tritt von dieser wunderbaren Hülsenfrucht begleitet, die für mich tatsächlich das Symbol des Nahen Ostens bedeutet. Die Kichererbse ist die Grundlage für so viele Gerichte, zum Beispiel für *qedreh*, ein Eintopfgericht mit Reis, Kichererbsen und Fleisch, das ursprünglich aus Hebron stammt. Für *qudsiyeh*, was übersetzt »auf Jerusalemer Art« bedeutet, Hummus aus Fava-Bohnen und Kichererbsen. Für *balila*, Kichererbsen mit Kreuzkümmel. Und natürlich für unser Lieblingsfrühstück, Falafel und *Fattet*-Hummus. Die Liste der Gerichte, für die man Kichererbsen verwendet, ist schier endlos. Ich nehme Kichererbsen zum Beispiel für die Zubereitung herzhafter Pfannkuchen oder ich zermahle sie, um Suppen anzudicken, und backe sogar Kuchen mit Kichererbsenmehl. Wenn man aus einer Familie stammt, die es sich nicht leisten kann, etwas zu verschwenden, lernt man, wie vielfältig man eine Zutat nutzen kann. Mittlerweile gibt es einen regelrechten Hummus-Krieg, jeder reklamiert die vielseitige kleine Kichererbse für sich. Sie ist die Königin der Hülsenfrüchte.

Ohne Kichererbsen geht es nicht, sie sind eine unserer wichtigsten Zutaten überhaupt, ob am heimischen Herd, im Restaurant oder im Laden. Man kann ihnen nicht entkommen. Sie sind etwas ganz Besonderes.

...

Joudie Kalla ist eine britisch-palästinensische Spitzenköchin, Ernährungsberaterin, Menü-Entwicklerin und Kochdozentin aus London. Ihre Familie stammt ursprünglich aus Jaffa. Sie ist Autorin der Bestseller *Palästina auf dem Tisch* und *Baladi*.

HUMMUS BIL SHATTA: HUMMUS MIT CHILIPASTE

Ich mag mein Hummus gerne scharf und bereite deshalb immer *hummus beiruti* zu, einfaches Hummus mit grünen Chilischoten und Chilipulver. Um es palästinensisch zu machen, fange ich mit einer Shatta an, der palästinensischen roten Chilipaste. Die Shatta wird ins Hummus gerührt und vor dem Servieren darübergeträufelt, genau wie es meine *teta*, meine Mutter, in Jaffa gemacht hat, wo Gewürze und Chili allgegenwärtig sind. *Rezept:* Joudie Kalla

Für 4–6 Personen

Für die Shatta-Paste
450 g rote Chilischoten, z. B. Fresno, ohne Stiele
1 TL Apfelessig
1–2 EL Salz
1 Knoblauchzehe, zerdrückt
Olivenöl

Für das Hummus
850 g Kichererbsen aus der Dose oder gekochte Kichererbsen für Hummus (s. S. 176/177)
Saft von 2 Zitronen
1 Knoblauchzehe, zerdrückt
2 EL Tahini
1 EL griechischer Joghurt
1 TL Salz

Zum Garnieren
Petersilie, gehackt

1. Für die Shatta-Paste die Chilischoten in einem Mörser zu einer groben Paste zerstoßen. Den Essig, das Salz und den Knoblauch hinzufügen und zu einer dicken Masse verrühren oder in einer Küchenmaschine pürieren und dann abschmecken. Achtung, die Paste ist scharf, vorsichtig verwenden!
2. In einen luftdichten Behälter füllen und mit Olivenöl bedecken. Im Kühlschrank hält sich die Shatta-Paste mehrere Wochen.
3. Für das Hummus 125 g Kichererbsen beiseitestellen und die restlichen Kichererbsen mit Zitronensaft, Knoblauch, Tahini, Joghurt und Salz in der Küchenmaschine zu einem geschmeidigen Teig pürieren.
4. Ein wenig gehackte Petersilie und 1 TL Shatta-Paste unterrühren und das Hummus auf einer Servierplatte verteilen. Mit Shatta-Paste beträufeln, mit Petersilie und den beiseitegestellten Kichererbsen bestreuen. Sofort servieren.

MSABAHA: SCHWIMMENDE KICHERERBSEN

Ein Hummusrezept für alle, die Tahini lieben. Wie so oft liegt das Geheimnis des Erfolges in der Qualität der Zutaten: extraweiche goldgelbe Kichererbsen, feines Olivenöl und frische aromatische Kräuter. Und als Krönung *tatbile*, eine scharfe Sauce, eine Kombination aus frischen grünen Chilis, eingelegten Shipka-Paprika, reichlich Knoblauch und Zitrone. Einfach der perfekte Kontrast zu einem cremigen Tahini.

Für 4 Personen

Für die *tatbile*-Sauce
60 ml Olivenöl
Saft von 1 Zitrone
2 eingelegte Shipka-Paprika oder eingelegte Jalapeño-Chilis, fein gehackt
1 grüne Chilischote, z. B. Serrano, ohne Samen und fein gehackt
1 Knoblauchzehe, zerdrückt
1 Prise gemahlener Kreuzkümmel

Für das Hummus
1 kg gekochte Kichererbsen für Hummus (s. S. 176/177), plus 120–180 ml Kochwasser
120–180 g Tahini
1 TL Salz

Dazu passt
Gemahlener Kreuzkümmel
Feinblättrige Petersilie, fein gehackt
Pita-Brote (s. S. 124)

1. Für die *tatbile*-Sauce alle Zutaten in eine Schüssel geben und sorgfältig vermischen.
2. Für das Hummus nach Msabaha-Art eine feuerfeste Schüssel über einen Topf mit simmerndem Wasser stellen. Die Kichererbsen mit dem Kochwasser, das Tahini und das Salz hineingeben und so lange rühren, bis das Tahini und die Flüssigkeit eine dicke, cremige Paste bilden.
3. Das Msabaha in eine flache Schüssel streichen, mit 1 EL *tatbile*-Sauce übergießen und mit Kreuzkümmel und Petersilie bestreuen.
4. Sofort servieren. Die restliche Sauce dazu reichen und direkt mit der Gabel oder mit einem warmen Pita-Brot essen.

MESHULASH: DREIERLEI HUMMUS À LA ABU HASSAN

Im Abu Hassan, Jaffas legendärem Hummusrestaurant unweit des Hafens, erzählt man sich, dass ein Kunde einmal ein *meshulash* (Hebräisch für »Dreieck«) bestellt habe, eine Kombination aus den drei Dips, die man dort zubereitet: Hummus mit Tahini, Hummus mit ganzen Kichererbsen und Hummus mit Fava-Bohnen. Das *meshulash* wurde so populär, dass die Besitzer es auf die Karte setzten. Mittlerweile ist es die Spezialität des Hauses.

Für 4 Personen

Für die Fava-Bohnen
250 g kleine getrocknete Fava-Bohnen
100 g kleine getrocknete gespaltene weiße Fava-Bohnen
1 TL Natron
100 g rote Linsen

500 g Hummus Hakosem (s. S. 178/179)
250 g gekochte Kichererbsen für Salate und Eintöpfe (s. S. 176/177)
240 g Tahini-Sauce (s. S. 281)
tatbile-Sauce (s. S. 118)
Olivenöl zum Frittieren
Petersilie, gehackt

Tipp
Statt die Fava-Bohnen selbst zu kochen, können Sie auch 800 g Fava-Bohnen *(ful medames)* aus der Dose verwenden, erhältlich in orientalischen Feinkostgeschäften.

1. Für die Fava-Bohnen die getrockneten Bohnen in eine große Schüssel geben und mit so viel kaltem Wasser übergießen, dass sie mindestens 5 Zentimeter bedeckt sind. 8 Stunden einweichen, dabei das Wasser alle 2 Stunden wechseln.
2. Die Bohnen abtropfen lassen und in einen großen Topf geben. Die gespaltenen Fava-Bohnen und das Natron hinzufügen, mit 1 l Wasser übergießen und aufkochen lassen. Die Temperatur reduzieren und etwa 3 Stunden köcheln lassen, bis die Bohnen weich sind.
3. Die roten Linsen hinzufügen, mit so viel Wasser aufgießen, dass alles mindestens 5 Zentimeter bedeckt ist, und mindestens 40 Minuten kochen, dabei hin und wieder mit einem Holzlöffel umrühren. Wenn nötig, mehr Wasser hinzufügen. Die gekochten Fava-Bohnen sollten die Konsistenz eines dicken Breis haben.
4. Das Hummus auf vier flache Teller verteilen, mit den warmen gekochten Kichererbsen und dem Bohnenbrei bedecken. Mit je 1 EL Tahini-Sauce und *tatbile*-Sauce beträufeln, dann die restliche Tahini-Sauce, Olivenöl und Petersilie darübergeben. Sofort servieren.

SARDINEN-FALAFEL

Während des Ramadan werden Falafelbällchen mit gewürztem Hackfleisch gefüllt und damit zu einem Festessen. Das war die Inspiration für dieses Rezept, in dem sich Sardinen aus der Dose mit knusprig frittierten Kichererbsen verbinden. In einem Pita-Brot mit gehacktem Salat und Joghurt servieren.

Für 4 Personen

300 g getrocknete Kichererbsen
4 Dosen Sardinen à etwa 100 g
1 mittelgroße Zwiebel, gehackt
3 Schalotten, gehackt
2 Knoblauchzehen
1 grüne Chilischote, z. B. Serrano, ohne Samen
1 Tasse frische Petersilie
1 Tasse frische Koriander
1 EL gemahlener Koriander
1 EL gemahlener Kreuzkümmel
1 ¼ TL Salz
1 TL Natron
Pflanzenöl zum Frittieren

Dazu passst
Pita-Brote (s. S. 124)
Gehackter Gemüsesalat (s. S. 280)
Vollfetter Joghurt
2 Zitronen, in Spalten geschnitten

Tipp
Zunächst ein Testbällchen formen und frittieren. Abschmecken und für die restlichen Falafeln eventuell nachwürzen.

1. Die Kichererbsen gründlich abbrausen, in eine große Schüssel geben und mit so viel Wasser aufgießen, dass sie mindestens 5 Zentimeter bedeckt sind. 12 Stunden einweichen. Ist es in der Küche zu warm, stellen Sie die Schüssel in den Kühlschrank.
2. Abtropfen lassen und noch einmal gründlich abbrausen.
3. Die Kichererbsen in der Küchenmaschine oder im Standmixer zu einer groben Paste pürieren. Die Sardinen, die Zwiebel, die Schalotten, den Knoblauch, die Chilischote, die Petersilie, den Koriander und alle Gewürze ebenfalls pürieren und zusammen mit 2–3 EL Wasser unter die Kichererbsen rühren. Die Masse sollte krümelig sein, aber die Form halten, wenn man sie zu Bällchen rollt. Wenn nötig, mehr Wasser hinzufügen, um die gewünschte Konsistenz zu erhalten.
4. Eine tiefe Pfanne etwa 5 Zentimeter hoch mit Öl füllen und das Öl auf 180 °C erhitzen (s. Tipp). Mit einem Falafellöffel oder einem kleinen Eiscremeportionierer walnussgroße Bällchen aus der Masse formen und leicht flach drücken. Immer sechs Falafelbällchen darin auf einmal etwa 3 Minuten goldbraun frittieren. In einem Küchensieb oder auf einem Küchenkrepp abtropfen lassen.
5. In Pita-Brote füllen, mit gehacktem Gemüsesalat und Joghurt bedecken und mit etwas Zitronensaft beträufeln. Warm servieren und genießen.

HUMMUS AUS WEISSEN FAVA-BOHNEN

Dieses alte Rezept machte mit der Familie Luzon die weite Reise aus Nordafrika nach Jaffa. Wenn man die Fava-Bohnen vorher einweicht, werden sie leichter verdaulich. Und sie garen schneller und gleichmäßiger. *Rezept:* Itzik Luzon

Für 6 Personen

300 g kleine getrocknete weiße gespaltene Fava-Bohnen
1 TL koscheres Salz (alternativ grobkörniges Meersalz verwenden)
1 Knoblauchzehe
¼ Zitrone
¼ grüne Chilischote, z. B. Serrano
1 TL Salz
1 TL gemahlener Kreuzkümmel
2 EL frisch gepresster Zitronensaft
3 EL Olivenöl

Dazu passt
Pita-Brote (s. S. 124)
Gekochter weißer Reis

1. Die Bohnen und das Salz in eine große Schüssel geben und mit so viel Wasser aufgießen, dass sie mindestens 5 Zentimeter bedeckt sind. Gut 2 Stunden einweichen lassen.
2. Die Bohnen abgießen und gründlich abbrausen.
3. In einen tiefen Topf geben und den Knoblauch, die Zitrone und die Chilischote hinzufügen. Mit so viel Wasser aufgießen, dass sie mindestens 5 Zentimeter bedeckt sind. Aufkochen lassen. Die Temperatur reduzieren und etwa 1–1 ¼ Stunde köcheln lassen, bis die Bohnen weich und das Kochwasser dickflüssig ist. Mit einem Löffel hin und wieder den Schaum abschöpfen.
4. Die Zitrone und die Chilischote entfernen. Salz, Kreuzkümmel, Zitronensaft und Olivenöl unterrühren und abschmecken.
5. Mit Pita-Brot oder weißem Reis servieren.

PITA-BROTE

Alle Zutaten zu einem weichen Teig verkneten, ausrollen, in einer Pfanne oder im Ofen backen und auf den magischen Moment warten, wenn sich die Fladenbrote wie von Zauberhand in mit Luft gefüllte Taschen verwandeln.

Für 10 Pita-Brote

ca. 500 g Mehl, gesiebt
2 TL Zucker
1 TL Salz
2 TL Trockenhefe
2 EL Olivenöl

Tipps
Pita auf der Herdplatte backen: Eine mittelgroße Pfanne stark erhitzen, Teig hineingeben, die Temperatur reduzieren und bei mittlerer Temperatur etwa 2 Minuten backen, bis die Pita sich aufbläht (geschieht das nicht nach wenigen Sekunden, die Pfanne zudecken und weiterbacken). Den Fladen umdrehen und noch einmal 2–3 Minuten weiterbacken, bis beide Seiten leicht goldbraun sind.

Pita auftauen: Die Pita in ein sauberes Küchenhandtuch wickeln und etwa 20 Sekunden in die Mikrowelle legen, bis es dampft.

1. Alle trockenen Zutaten in die Küchenmaschine geben und mit den Knethaken vermischen, das Öl und 300 ml Wasser hinzufügen und bei mittlerer Stufe etwa 8 Minuten zu einem weichen Teig kneten. Abdecken und mindestens 1 Stunde gehen lassen, bis der Teig sein Volumen verdoppelt hat.
2. Den Teig auf eine leicht bemehlte Arbeitsplatte legen und die Luft herausdrücken. In zehn Portionen teilen.
3. Die Teigstücke zu Bällen rollen, abdecken und weitere 10 Minuten gehen lassen.
4. Die Teigkugeln auf der Arbeitsplatte kreisförmig (15 Zentimeter Durchmesser) etwa 5 Millimeter dick ausrollen. Abdecken und weitere 20 Minuten gehen lassen.
5. Einen Pizzastein auf den Boden des Backofens legen und den Backofen auf höchste Temperatur vorheizen.
6. Vier Teigrunde mit Schwung auf den Stein werfen und etwa 3 Minuten backen, bis sie leicht gebräunt sind und sich aufblähen.
7. Auskühlen lassen und mit einem Küchenhandtuch abdecken, damit sie nicht austrocken. Mit den verbleibenden Teigrunden genauso verfahren. Pita-Brot schmeckt ofenfrisch am besten, kann aber auch 3 Monate lang eingefroren werden.

In den Gewölben eines alten osmanischen Gebäudes wacht Avraham Tawashi über den ausladenden Steinofen seiner Bäckerei. Jahrzehntelang brachten viele Bewohner Jaffas ihre Eintöpfe und Fleischgerichte, um sie bei ihm im Ofen über Nacht garen zu lassen.

EINE KURZE GESCHICHTE DES HUMMUS

Orly Peli-Bronshtein

In den frühen 1990er-Jahren, als Ariel und ich zusammen in Paris auf der Kochschule waren, tauchte der Begriff »Hummus« nur ein einziges Mal auf, und zwar in einer Französischstunde. »Das französische Wort für Kichererbse lautet *pois chiche*«, sagte der Lehrer, brachte uns die richtige Aussprache bei und ergänzte, dass sie im Arabischen *hummus* heißt. Jemand lachte und meinte, das würde so ähnlich klingen wie Haschisch, und damit war das Thema beendet. Hummus stand nicht auf dem Lehrplan, weder in der Theorie noch in der Praxis. Selbst außerhalb der Schule aßen wir kein Hummus, obwohl sich unser ganzes Leben ausschließlich um Essen drehte. 22 Jahre später trafen wir uns mit dem Designer Dan Alexander ausgerechnet in Paris, um ein mögliches Buchprojekt über Hummus zu besprechen.

Im Laufe von 20 Jahren habe ich als Köchin und Kochbuchautorin verstehen gelernt, dass Pita und Hummus mein täglich Brot sind oder besser gesagt unser täglich Brot. Sie bilden die Eckpfeiler der mediterranen Küche und werden zubereitet aus den Grundzutaten des heimischen *terroir*. Im Hebräischen bedeutet »Hummus« nicht nur Kichererbsen, sondern auch den Dip, den man aus ihnen herstellt und der auf Arabisch *hummus bi tahine* genannt wird. Hummus bezeichnet also sowohl die Kichererbsen als auch das Gericht.

Kichererbsen sind nicht nur lecker, sie sind auch so gesund, dass man fast glauben könnte, sie wären im Labor entwickelt worden. Pro 100 g enthalten sie 9 g Eiweiß (100 ml Milch enthalten 8 g, die gleiche Menge Eier 6 g Eiweiß). Außerdem sind Kichererbsen reich an wertvollen Vitaminen, vor allem Vitamin B und Folsäure, an Mineralien (Kalzium, Eisen, Magnesium und Kalium) und an löslichen Ballaststoffen, die ein wertvoller Energielieferant sind und lange Zeit sättigen. Kurz gesagt: Hummus ist rundum gesund.

Jeder liebt die Kichererbse und sie eignet sich für jeden Menschen, egal wie alt er ist, welchen Glauben er hat und welcher Religion er angehört – genauso gleichgültig ist es, ob er alles isst oder Vegetarier oder Veganer ist.

Kichererbsen sind außerdem glutenfrei, sodass auch Menschen mit Zöliakie sie essen können. Durch ihren niedrigen glykämischen Index sind sie ideal für Leistungssportler, die langsam verbrennende Energie suchen, ebenso für Diabetiker und für Menschen, die abnehmen wollen. Und weil man sie sowohl getrocknet als auch in der Dose bekommt, sind sie das ganze Jahr über erhältlich. Sie sind preiswert und ergiebig, mit einer geringen Menge bekommt man viele Menschen satt. Weicht man ein Pfund trockene Kichererbsen ein, verdoppeln sie nahezu ihr Gewicht. Man kann die gleiche Menge Kichererbsen pürieren, Zwiebeln und Gewürze hinzugeben, das Ganze zu walnussgroßen Bällchen formen und zu Falafeln frittieren. Man kann die Kichererbsen aber auch kochen, pürieren und mit Tahini und Zitronensaft mischen. Ein Kilo Kichererbsen ergibt dann etwa die fünffache Menge an Hummus. Wenn Sie diese Gerichte so gut kennen wie ich, läuft Ihnen jetzt vermutlich auch schon das Wasser im Mund zusammen. Liegt der Appetit auf Hummus etwa in unserer DNA? Sind wir vielleicht abhängig von Kichererbsen, weil sie das Gute für uns und für die Erde verkörpern?

Landwirte, die Kichererbsen anbauen, werben stolz damit, dass die Pflanze mit ihren schier übernatürlichen Fähigkeiten Stickstoff aus der Luft aufnehmen kann. Das ist außerordentlich wichtig, denn Stickstoff ist für uns lebensnotwendig, wir brauchen ihn zur Bildung von Aminosäuren, die wiederum Eiweiße bilden, die elementaren Bausteine aller Lebensformen. Bakterien in den Wurzeln der Pflanze binden den Stickstoff, der aus der Luft aufgenommen wird, und wandeln ihn so um, dass die Pflanze ihn nutzen kann. Das sorgt gleichzeitig für fruchtbaren Boden, sodass der gleiche Ackerboden immer wieder von Neuem bebaut werden kann. Nach Jahren intensiver Nutzung säen die Bauern Kichererbsensamen, um die Qualität des Bodens zu verbessern, ihn für die neue Bepflanzung vorzubereiten und um bessere Ernten zu erzielen, egal was sie in Zukunft pflanzen wollen.

Die alten Anbaumethoden erschufen die ideale Verbindung von Hummus und Pita, die auch in kulinarischer Hinsicht eine perfekte Kombination bilden. Das Hummus liefert das Eiweiß und die Pita liefert über das Getreide die Aminosäuren. Kombiniert ergeben Eiweiß und Aminosäuren ein komplettes Protein. Seit die Menschen vor über 11.000 Jahren begannen, Kichererbsen anzubauen, waren sie in der Lage, eine gesunde, nahrhafte Kost zu schaffen. Sie waren nun nicht mehr ausschließlich abhängig von Jagd, Fischfang und Tierhaltung und mussten auch nicht mehr die Tiere aus ihrer eignen Viehhaltung opfern, die ihnen schließlich andere wertvolle Rohstoffe wie Milch und Wolle lieferten. Kichererbsen kann man lange Zeit lagern und zu nahrhaften und gesunden Gerichten verarbeiten, ganz unabhängig von der Jahreszeit und den jeweiligen Lebensumständen. Und noch zwei weitere interessante Fakten: Hummus zu essen stärkt und reguliert den Eisprung und setzt im Gehirn Serotonin frei, das Hormon, das uns glücklich und entspannt sein lässt. Die Kichererbse hebt also die Laune und steigert die Lust.

Der Anbau von Kichererbsen und Weizen hat ganz wesentlich dazu beigetragen, dass die Bevölkerung in unserer Weltgegend sich entwickelte, dass Familien zu Stämmen und schließlich zu Gesellschaften wurden. Die Phönizier, ein Seefahrervolk von der Küste des Libanons, verbreiteten die Hülsenfrucht im ganzen Mittelmeerraum, in Griechenland, Italien, Frankreich, Spanien und Nordafrika. So fand die Kichererbse ihren Weg um die Welt und in die unterschiedlichsten Küchen, sie eroberte die Vorratsschränke und wurde Teil der jeweiligen Esskultur vor Ort, indem sie sich den Geschmäckern und Essgewohnheiten der jeweiligen Region anpasste. Als Mehl entfaltet die Kichererbse weitere kulinarische Qualitäten: Man verwendet Kichererbsenmehl für *ghondi* (Klößchen für die persische Hühnersuppe), für Kekse und Fladenbrote (wie die italienischen *calcioni* und *farinata*), für frittiertes Gebäck (italienische *frittelle*) und für Pfannkuchen (die französischen *socca*), ebenso für eine Teighülle für Gemüse (wie bei den indischen *pakoras*). Doch die größte Überraschung war für mich ein Rezept aus dem Goldenen Dreieck, an der Grenze zwischen Burma und Thailand, wo man mit Kichererbsenmehl ein würziges Porridge kocht, es in einer Schüssel abkühlen lässt, in Würfel schneidet (burmesischer Tofu), frittiert und mit Gemüse, Chilisauce und Reis serviert.

Zu diesen altbewährten Rezepten kommen zeitgenössische, wie Meringues oder vegane Omelettes, ein weiterer Beweis, wie unerreicht die Kichererbse ist. Obwohl sie uralt und seit Ewigkeiten bekannt ist, liegt eine glänzende Zukunft vor ihr, in der viele Menschen sie noch für sich entdecken können. Ein guter Grund, mehr über die Ursprünge des Hummus zu erfahren, tiefer einzutauchen in die Welt der Kichererbsengerichte, wie sie in den unterschiedlichsten Kulturen zubereitet werden. So sind wir dem Weg von Hummus und Falafel durch viele Städte gefolgt und sind mit vielen Menschen, die sie zubereiten und essen, in Kontakt gekommen.

Bis heute habe ich große Freude daran, allen Menschen, die es noch nie ausprobiert haben, das Geheimnis hausgemachter Falafeln zu verraten. Wir sind es gewohnt, unsere Kichererbsen vor dem Verzehr stundenlang zu kochen. Es mag daher ein regelrechter Schock für viele sein, dass man die Kichererbse auch roh verwenden kann, um sie zu Falafeln zu frittieren. Die Stärke in den ungekochten Kichererbsen hält dann den Teig zusammen, und diese Textur verschwindet erst, wenn die Bällchen frittiert werden. Eine frisch frittierte knusprige Falafel ist einfach unvergleichlich. Der Grundteig kann mit Petersilie, frischem Koriander, gehacktem Dill und getrocknetem Majoran verfeinert werden. Im Frühling passen Schalotten, grüner Knoblauch, Ysop oder Radieschenblätter dazu. Kreuzkümmel und Koriandersamen sind die meistverwendeten Gewürze, aber auch Kardamom oder Muskatnuss schaffen bisher nicht gekannte Geschmacksrichtungen.

In den Zutaten vieler Gerichte zeigt sich das Zusammentreffen verschiedener Kulturen. Die Falafel ist ein gutes Beispiel dafür: Wer mit der ägyptischen Variante, der *ta'amiya*, aufgewachsen ist, wundert sich, warum, wann und wie Kichererbsen die Fava-Bohnen ersetzt haben. Manche vermuten, es liege an der Unverträglichkeit der Fava-Bohnen, aber ich glaube, die Erklärung ist viel einfacher: Falafeln aus Kichererbsen schmecken einfach besser. Aber das ist längst nicht die einzige Veränderung, die die Falafel bis heute durchlaufen hat. In den frühen Jahren des Staates Israel bereiteten die Einwanderer aus dem Jemen Falafel zu. Sie schoben ihre Karren durch die Städte und verkauften die frittierten Bällchen an den Straßenecken. Damit man die Falafel gut im Stehen essen konnte, wurden sie in einem Pita-Brot serviert, zusammen mit reichlich Kohlsalat, *zhug* (einer scharfen jemenitischen Gewürzmischung) und Tahini-Sauce. Mit der Zeit hielten Hummus, Pommes und eingelegtes Gemüse Einzug in die Pita-Brote, zusammen mit vielerlei Salaten. Falafel gibt es mittlerweile in verschiedenen Größen und Formen, sogar viereckig. Doch die Grundzutaten sind immer noch Kichererbsen, Zwiebeln, Knoblauch und scharfe Chilis – *pilpel* auf Hebräisch oder *filfil* auf Arabisch, was der Falafel ihren Namen gab.

Die Araber aßen Hummus traditionell zum Frühstück, aber die Juden in Israel servierten es nun zu jeder Mahlzeit, immer und überall. Seit den 1950er-Jahren wurde israelisches Hummus zum Massenprodukt, und erst mit der Zeit entdeckte man das hausgemachte palästinensische Hummus wieder. In den 1970er-Jahren feierten die traditionellen Rezepte ihre Renaissance und jedermann bis hinauf zu den Spitzenköchen liebte das Hummus. Auch ich habe in dieser Zeit dem »israelischen Nationalsport« gefrönt – der Suche nach dem besten Hummus. Nur ein Dummkopf ist der Auffassung, dass es keine wesentlichen Unterschiede zwischen Hummus und Hummus geben könnte. Weit gefehlt: Es gibt dickes und süßes, salziges und samtiges oder warm püriertes mit einer luftig-leichten Textur. Es kommt auf das Verhältnis zwischen Kichererbsen und Tahini an, auf die Art des Pürierens und viele andere Details, wie zum Beispiel die Gewürze.

Dieses Buch verdanke ich der Freundschaft zu meinem Mitautor Ariel. Er macht das beste Hummus in ganz Israel, zumindest eines der besten. Wir sind der gemeinsamen Überzeugung, dass Hummus zu den schmackhaftesten, nahrhaftesten und gesündesten Nahrungsmitteln auf der ganzen Welt gehört. Das wollen wir unseren Leserinnen und Lesern nahebringen. Ich glaube, dass die Kichererbse eine essenzielle kulinarische Wahrheit in sich birgt. Es kann kein Zufall sein, dass jeder, der Falafel und Hummus probiert, dem Zauber der Kichererbse erliegt, egal wer er ist und woher er stammt. In diesem Buch finden sich zahlreiche Rezepte für Hummus und Falafel, und jedes Rezept hat seinen eigenen Charakter, sein eigenes Aroma und seine eigene Geschichte. Oder wie Hazan, ein Imbissbesitzer aus Nazareth, einmal sagte: »In jedem Falafelbällchen liegt ein Geheimnis.«

...

Orly Peli-Bronshtein ist eine kulinarische Expertin und Spitzenköchin. Sie war Chefredakteurin der führenden israelischen Kochzeitschrift *Al HaShulchan* (Auf den Tisch), hat zahlreiche Kochbücher in hebräischer Sprache veröffentlicht und als Mitautorin an internationalen Publikationen von Janna Gur mitgewirkt, darunter *Die neue israelische Küche* und *Fresh Flavors from Israel*.

Tips

Nasreddin Hodja
HIP/Art Resource, NY

DIE GESCHICHTE VON MULLAH NASREDDIN UND SEINEM MANTEL

Nach einem traditionellen Volksmärchen

Mullah Nasreddin begann bei Sonnenaufgang auf dem Feld zu arbeiten. Als die Sonne unterging, war er müde, schmutzig und vor allem hungrig, denn es war Ramadan und er fastete. Doch heute war der Tag des Fastenbrechens und er war zu Gast bei seinem wohlhabenden Nachbarn, der das ganze Dorf zum abendlichen Festmahl eingeladen hatte.

Nasreddin wollte nicht zu spät kommen, deshalb entschloss er sich, gleich in seiner Arbeitskleidung zum Fest zu gehen. Als er ankam, musterte ihn der Gastgeber von oben bis unten, seine ungepflegte Kleidung und seine schlammigen Schuhe, sagte zur Begrüßung kein Wort, sondern nickte Nasreddin nur kurz zu und ließ ihn dann stehen und wandte sich ab.

Die Tische bogen sich unter den Köstlichkeiten: Reis, Linsen und Kichererbsen, Oliven und Brot, Hummus, Falafel, Hühnchen und Lamm. Aber das Beste waren die vielen Desserts: Halvah, Dattelrollen, Feigen und Baklava. Nasreddin gesellte sich zu den festlich gekleideten Gästen, doch alle Plätze am Tisch waren bereits besetzt. Niemand machte ihm Platz, keiner sprach mit ihm oder bot ihm etwas zu essen an. Es war, als wäre er gar nicht da. Er konnte die Leckerbissen auf seinem Teller gar nicht genießen und beschloss nach wenigen Bissen, wieder zu gehen. Er eilte nach Hause, legte seine feinsten Gewänder an und ging dann zurück zum Fest. Als der Gastgeber ihn in seinem herrlichen Mantel sah, hieß er ihn mit einem strahlenden Lächeln willkommen und führte ihn zu einem freien Platz. Die anderen Gäste begrüßten Nasreddin, boten ihm zu essen an und luden ihn an den Tisch ein.

Nasreddin nahm ein Falafelbällchen, steckte es in seine Manteltasche und sagte: »Iss, Mantel, iss.« Danach fütterte er seinen Mantel mit Kichererbsen und weiteren Gerichten. Es dauerte nicht lange, bis ihn jeder im Raum verwundert anstarrte. »Was tust du da? Weshalb fütterst du deinen Mantel?«, fragte ihn der Gastgeber.

»Als ich vorhin in meiner abgetragenen Arbeitskleidung zu diesem Fest gekommen bin, war ich nicht willkommen«, antwortete Nasreddin. »Doch nachdem ich diesen edlen Mantel angelegt habe, werde ich herzlich empfangen. Es muss also die Kleidung sein, die ihr auf diesem Fest willkommen heißt, und nicht die Person. Deshalb füttere ich meinen Mantel.«

Itzik Luzons nordafrikanische Wurzeln sind in den Gerichten seines berühmten Restaurants Itzik Hagadol spürbar, einer kulinarischen Institution in Jaffa.

تل أبيب

HUMMUS UND ICH, EINE BESONDERE BEZIEHUNG – GEKOCHTE KICHERERBSEN FÜR HUMMUS – GEKOCHTE KICHERERBSEN FÜR SALATE UND EINTÖPFE – HUMMUS HAKOSEM – HARISSA HAKOSEM

Tel Aviv

FRITTIERTE AUBERGINEN HAKOSEM – FALAFEL-HAKOSEM – MAROKKANISCHER FISCH HAKOSEM – REIS MIT KARAMELLISIERTEN ZWIEBELN HAKOSEM – EINGELEGTE KAROTTEN UND EINGELEGTER KOHL

תל אביב

HEINZ
TOMATO KETCHUP

Hart gekochte Eier sind eine moderne Beilage für ein herzhaftes Hummusgericht.

הקוסם

HUMMUS UND ICH, EINE BESONDERE BEZIEHUNG

Ariel Rosenthal (Restaurant Hakosem)

Ich wurde 1975 in Israel geboren, und als ich zwei Monate alt war, trennten sich meine Eltern. Mein Vater besaß ein Restaurant, er war ein rastloser, ruheloser Mensch mit einem sicheren Gespür für gutes Essen.

In meinen frühesten Kindheitserinnerungen entscheidet er gerade, was er essen wird. Von Zeit zu Zeit tauchte er auf und zog mich in seine Welt mit ihrer Vielfalt an köstlichen Aromen und unterschiedlichsten Geschmacksrichtungen. Diese Erfahrungen brachten uns einander nahe. Doch nach einer Weile verschwand er wieder und hinterließ ein großes Loch in meinem Magen, aber auch in meiner Seele.

Meine Mutter konnte nicht kochen und versuchte es gar nicht erst. Immer wenn mein Vater wieder abtauchte, verschwanden mit ihm auch die nahrhaften Gerichte und damit der Trost, den ich verspürte, wenn ich sie aß. Die Jahre meiner Kindheit waren geprägt von diesen beiden Extremen, die unvereinbar miteinander waren. Sie hinterließen bleibende Spuren: Ich war immer hungrig, physisch und psychisch. Ich hungerte nach einem Vater, nach einem echten Zuhause und nach gutem Essen.

Meine Vorstellungen von einem echten Heim waren relativ vage, denn meine Mutter, mein Bruder und ich waren ständig unterwegs. Ohne festes Ziel pendelten wir zwischen Mietwohnungen in Tel Aviv, wenig einladenden Strohhütten im Sinai und schmuddeligen Hotelzimmern in Eilat. Für kurze Zeit waren wir Kinder sogar bei einer Pflegefamilie in einem Kibbuz im Norden Israels. Als meiner Mutter das eigene Land zu eng wurde, nahm sie uns mit nach Europa, wo es genauso weiterging.

Das waren harte und schmerzhafte Jahre, doch unser Überlebenswille trieb uns an. Und es waren Hungerjahre, doch wir sind immer wieder großzügigen Menschen begegnet, die uns mit selbst gekochtem, warmem, tröstendem Essen versorgten. Das ließ uns erahnen, wie ein echtes Zuhause aussehen könnte.

Mit jedem Bissen einer guten Mahlzeit nahm eine Fantasie Gestalt an: Nähe, ein Gefühl von Gemeinsamkeit, emotionale Erfüllung. Im Rückblick waren es diese Glücksmomente, diese tröstlichen Erlebnisse meiner Kindheit, die mich damals spirituell erfüllten.

Mit 16 stand ich bereits auf eigenen Füßen. Mein Überlebensinstinkt und meine Begeisterung für gutes Essen ließen mich in Restaurants arbeiten, ob als Kellner, hinter der Bar oder als Hilfskoch in der überhitzten und hektischen Atmosphäre der Küche – das war meine Berufung. Ich liebte die Gemeinschaft und die tatkräftige Energie, die in diesen Restaurants zu spüren war, und nicht zuletzt bekam ich dort das, was ich am meisten liebte. Es war für mich eine existenzielle Erkenntnis – der direkte Zugang zu qualitativ hochwertigem Essen, das auf wunderbare Weise zubereitet wurde. Das war vielleicht sogar das größte Geschenk in dieser Zeit.

Nachdem ich mehrere Jahre in allen Bereichen der Nahrungsmittelbranche gelernt und meine Erfahrungen gemacht hatte, beschloss ich, in Tel Aviv ein eigenes Restaurant für Hummus und Falafel zu eröffnen. Warum ausgerechnet in Tel Aviv? Eine Erklärung dafür gibt es nicht, es war Intuition. Eine innere Stimme sagte mir, dass es die Kombination aus Hummus und Falafel sein sollte, Nahrung nicht nur für den Magen, sondern auch für Herz und Seele, tröstend, wärmend und authentisch.

Seit nunmehr 17 Jahren bereite ich jeden Tag mit Liebe und Hingabe meine Hummus und Falafel zu. Der Zubereitung und Zusammenstellung jeder einzelnen Falafel-Pita vor den Augen des Kunden liegt ein Ritual zugrunde. Dazu gehören auch die Worte, die dieses Ritual begleiten: »Wie geht es Ihnen?« und »Wie viel Hummus? Salat? Scharfe Sauce?«. Das Überreichen der Falafel-Pita ganz persönlich aus meinen Händen in die Hände des hungrigen Kunden ist der Höhepunkt. Dieses herrliche, regelrecht wunderbehaftete Miteinander menschlicher Handlungen beglückt mich jeden Tag von Neuem.

Der Umgang mit Hummus ist ein immerwährender Lernprozess, den ich seit siebzehn Jahren durchlaufe. Wie man einen Diamanten schleift, ist es auch beim Hummus nötig, es zu perfektionieren, zu schärfen, zu verfeinern, jedes kleinste Detail ist wichtig. Und während der 17 Jahre habe ich genau zugehört, was meine Kundschaft (die in die Zehntausende geht), meine Freunde und meine geschätzten Kollegen über mein Hummus gesagt haben. Ihr Lob und ihre Kritik haben mich angespornt und motiviert, den Weg zur Perfektionierung fortzusetzen.

Mit der Zeit wird man immer besser darin. Ich verfeinere und entwickle wichtige Rezepte und Zubereitungsarten. Ich suche auf den Märkten nach dem besten Tahini und den besten Kichererbsen, perfektioniere die vielen Stufen der Zubereitung des Hummus selbst, das Einweichen, Kochen und Zerdrücken der Kichererbsen und natürlich genau die richtige Zusammenstellung der Gewürze.

Es liegt viel Liebe darin: in der Wissenschaft, wie man die verschiedenen Elemente zueinander in Beziehung setzt, und in dem sich fortwährend verbessernden Wissen, wie man das perfekte Gericht erschafft. Ein Gericht, das beim Gast nur einen einzigen Wunsch offenlässt: den Wunsch, wiederzukommen und wieder bei mir zu essen.

Die Kichererbse bildet den Mittelpunkt meiner Welt, als wäre sie ein Magnet, der mich mit der Zeit immer stärker anzieht. Während ein Tag und ein Jahr nach dem anderen ins Land gehen (*awal min awal*, wie es im Arabischen heißt), weiß ich die Kraft dieser mächtigen, doch schlichten Hülsenfrucht immer noch mehr zu schätzen. Für jeden sind ihre positiven Eigenschaften klar ersichtlich: Die Kichererbse ist naturbelassen, für jeden erschwinglich, überall erhältlich, vegan, gesund und schmackhaft. Man kann sie für alles und jedes verwenden, und das zu jeder Jahreszeit. Aber für mich gehen ihre Vorteile noch weit darüber hinaus.

Wenn ich die Kichererbse mit einem einzigen Wort beschreiben sollte, wäre es das Wort »Wunder«. Sie ist ein Wunder an Geschmack und Vielfalt, ein Wunder, das auch Ärzte, Ernährungswissenschaftler und Naturheilkundige empfehlen. Die Kichererbse ist ein hochwertiges Nahrungsmittel, eiweißreich, voller Antioxidantien, Folsäure, Vitamine und Mineralien wie zum Beispiel Kalzium, Eisen, Magnesium und Kalium.

Kichererbsen ordnet man unwillkürlich dem Nahen Osten zu. Man betrachtet sie als Geschenk des Mittelmeerraums an die Welt, doch ihre Geschichte könnte statt in Damaskus, Beirut, Kairo oder Jerusalem auch sonst wo begonnen haben. Man erliegt leicht der Versuchung, sich auf die politischen

Konflikte zu konzentrieren, die die »goldene Erbse« umgeben, aber ich sehe jeden Tag Palästinenser und Israelis, wie sie zusammen am Tisch sitzen, vor sich eine Schale Hummus, durch die auf wundersame, manchmal unausgesprochene Art eine Verbindung zwischen ihnen entsteht, während sie ihre Seelen nähren.

In jüngster Zeit hat das Hummus seinen Siegeszug rund um die Welt angetreten und Einzug in Küchen und Restaurants gehalten. Wenn ich Gäste aus Japan, Frankreich, Deutschland, Großbritannien und den USA bediene, die an meine Theke treten und ihre Bestellung aufgeben, erkenne ich den Einfluss, den die Kichererbse auf den Geschmack anderer Nationen hat. Das überrascht mich nicht. Durch ihre Vielseitigkeit und die nachgewiesene positive Wirkung auf die Gesundheit steigt der Verzehr von Kichererbsen weltweit an, sie entwickeln sich von einem Trend-Essen zu einem festen Bestandteil der Küche.

Ich bin jeden Tag aufs Neue glücklich, dass ich diesen Weg für mich gewählt habe – oder hat er vielleicht mich gewählt? Die Kichererbse hat es mir ermöglicht, eine eigene Heimat zu erschaffen und meine spirituelle Sehnsucht nach dem zu stillen, woran es mir in meiner Kindheit gemangelt hat. Ich kann nun andere Menschen einladen, diese Erfahrung mit mir zu teilen. Täglich danke ich jedem Menschen, jeder Gruppe, jedem Land und jeder Tradition, die dieses Geschenk in die Welt gebracht hat, und ich danke der Gnade Gottes. Denn die Kichererbse ist ein Geschenk Gottes an die Welt. In jedem Teller Hummus steckt seine unendliche Güte.

...

Ariel Rosenthal ist ein israelischer Spitzenkoch. Ihm gehört das Hakosem, eines der bekanntesten Streetfood-Restaurants von Tel Aviv, wo man unbedingt einkehren sollte. Seit über zwei Jahrzehnten bedient er täglich Tausende von Gästen mit Gerichten, bei denen stets die Kichererbse im Mittelpunkt steht. Er ist Koch aus Leidenschaft und das Hakosem ist ein Erlebnis für alle Sinne, ein kulinarischer Hotspot, wo sich Berühmtheiten und Spitzenköche aus Restaurants mit Michelin-Sternen begegnen.

Original Pal-ed

GRUNDREZEPTE FÜR GEKOCHTE KICHER-ERBSEN HAKOSEM

Für 1 kg gekochte Kichererbsen

Gekochte Kichererbsen für Hummus
500 g kleine getrocknete Kichererbsen
2 TL Natron

Gekochte Kichererbsen für Salate und Eintöpfe
500 g getrocknete Kichererbsen
1 EL Salz nach Belieben
1 TL Natron

Cremig-weiche Kichererbsen werden von Köchen sehr geschätzt, sie bereichern viele Gerichte von Fisch und Huhn bis zu Rindfleisch und Lamm. Außerdem bilden sie die Grundlage für Hummus (s. S. 178/179). Beim Einweichen und dem Kochen der Kichererbsen spielt Zeit eine wichtige Rolle. Wenn Sie es eilig haben, können Sie stattdessen Kichererbsen aus der Dose verwenden.
Rezept: Ariel Rosenthal

GEKOCHTE KICHERERBSEN FÜR HUMMUS

1. Die Kichererbsen in eine Schüssel geben und mit so viel Wasser übergießen, dass sie mindestens 5 Zentimeter bedeckt sind. Mindestens 24 und höchstens 48 Stunden im Kühlschrank quellen lassen.
2. Das Wasser abgießen und die Kichererbsen gründlich abbrausen.
3. Die Kichererbsen in einen großen, tiefen Topf geben und mit so viel Wasser übergießen, dass sie mindestens 5 Zentimeter bedeckt sind, das Natron hinzufügen und aufkochen.
4. Die Temperatur reduzieren und etwa 1–1 ¼ Stunden köcheln lassen, bis sie weich sind, die Schalen aufbrechen und das Wasser dickflüssig und geleeartig ist. Das Wasser sollte stetig köcheln, um die Kichererbsen in Bewegung zu halten. Mit einem Löffel hin und wieder den Schaum von der Oberfläche abschöpfen.
5. Wenn ein Teil der Kichererbsen als Garnitur verwendet werden soll, mit einem Schöpflöffel 1 Tasse Kichererbsen abschöpfen, wenn sie weich sind, jedoch bevor sie ihre Form verlieren, und beiseitestellen.
6. Abkühlen lassen. Die gekochten Kichererbsen in einen luftdichten Behälter geben und mit dem Kochwasser bedecken. Bis zur Verwendung im Kühlschrank aufbewahren, maximal 2–3 Tage.

GEKOCHTE KICHERERBSEN FÜR SALATE UND EINTÖPFE

1. Die Kichererbsen in eine Schüssel geben und mit so viel Wasser übergießen, dass sie mindestens 5 Zentimeter bedeckt sind. Gegebenenfalls das Salz hinzufügen und mindestens 24 und höchstens 48 Stunden im Kühlschrank quellen lassen.
2. Das Wasser abgießen und die Kichererbsen gründlich abbrausen.
3. Die Kichererbsen in einen großen, tiefen Topf geben und mit so viel Wasser übergießen, dass sie mindestens 5 Zentimeter bedeckt sind, das Natron hinzufügen und aufkochen.
4. Die Temperatur reduzieren und etwa 30 Minuten köcheln lassen, dann weitere 15 Minuten kochen, bis sie weich sind, aber noch die Form halten. Das Wasser sollte stetig köcheln, um die Kichererbsen in Bewegung zu halten. Mit einem Löffel hin und wieder den Schaum von der Oberfläche abschöpfen.
5. Abkühlen lassen. Die gekochten Kichererbsen in einen luftdichten Behälter geben und mit Kochwasser bedecken. Bis zur Verwendung im Kühlschrank aufbewahren, maximal 2–3 Tage.

HUMMUS HAKOSEM

Für 1 kg Hummus

300 g abgekühlte gekochte Kichererbsen für Hummus (s. S. 176/177), plus 120 ml abgekühltes Kochwasser
1 ¼ TL Zitronensäure (s. Anmerkung unten)
1 ¼ TL Salz
480 g Tahini

Anmerkung
Häufig wird zur Zubereitung von Hummus Zitronensäure statt Zitronensaft verwendet, was ihm anhaltende Säure und Geschmack verleiht. Zitronensaft dagegen kann rasch verfliegen und das Hummus kann bitter werden.

Hummus ist ein perfektes Gericht. Es enthält Gemüse (Kichererbsen), Fett (Tahini) und Getreide (in Form von Pita) und ist somit eine ideale Proteinquelle. Es ist sehr nahrhaft und seine samtige Textur und der köstliche Geschmack überwältigen die Sinne.

Achten Sie bei der Zubereitung darauf, das Rezept ganz genau zu befolgen. Es ist wichtig, dass die Kichererbsen und das Kochwasser komplett abgekühlt sind, ehe man sie verwendet, damit das Püree cremig und geschmeidig wird.
Rezept: Ariel Rosenthal

1. Die Kichererbsen, das Kochwasser, die Zitronensäure und das Salz in die Küchenmaschine geben und etwa 3 Minuten pürieren.
2. Die Hälfte des Tahini und 120 ml kaltes Wasser hinzufügen und weitere 2 Minuten mixen.
3. Das restliche Tahini und weitere 120 ml Wasser hinzufügen und nochmals 2–3 Minuten vermischen. Mit Salz und Zitronensäure abschmecken, wenn nötig. Das Hummus sollte recht dünnflüssig sein.
4. In einen luftdichten Behälter füllen und 6–10 Stunden in den Kühlschrank stellen. In dieser Zeit können sich die Aromen verbinden. Die Textur wird cremig und der Geschmack intensiv.
5. Im Kühlschrank ist das Hummus in einem luftdichten Behälter 2–3 Tage haltbar.

HARISSA HAKOSEM

Ergibt etwa 650 g

100 g getrocknete süße Chilischoten
100 g getrocknete scharfe Chilischoten, z. B. Cayenne
100 g Knoblauchzehen
1 EL gemahlener Koriander
1 ½ EL gemahlener Kümmel
1 ½ EL Cayennepfeffer
2 ¼ EL marokkanisches oder süßes Paprikapulver
1 ¼ EL Salz
120 ml säurearmer Weißweinessig
80 ml Pflanzenöl

Harissa ist eine Chilipaste aus Nordafrika, die mild oder scharf sein kann, je nachdem, wie viel süße oder scharfe Chilischoten man verwendet. Die Hakosem-Version liegt vom Geschmack her irgendwo dazwischen. Harissa passt wunderbar zu Hummus, man kann es aber auch zum Würzen anderer Gerichte wie Thunfischsandwiches, *shakshuka*, Couscous, Eintöpfen, Salat oder gekochtem Gemüse verwenden. Auch für Fleisch- und Fischgerichte wie zum Beispiel Marokkanischer Fisch Hakosem (s. S. 186) ist es der ideale Begleiter. *Rezept:* Ariel Rosenthal

1. Die getrockneten Chilischoten mit einer Küchenschere zerkleinern, Samen und andere Rückstände entfernen. Gummihandschuhe verwenden!
2. In eine Schüssel geben und mit so viel Wasser übergießen, dass die Chilis mindestens 5 Zentimeter bedeckt sind. 24 Stunden einweichen.
3. Abgießen und das überschüssige Wasser aus den Chilis herausdrücken. Auch hier Gummihandschuhe verwenden.
4. Die Chilis und den Knoblauch in der Küchenmaschine nicht zu weich pürieren, die Konsistenz sollte der von Pesto oder Tapanade ähneln. Die Gewürze, das Salz, den Essig und das Öl hinzugeben und alles gut verrühren.
5. Auf einen Servierteller oder in einen luftdichten Behälter geben. Das Harissa hält sich im Kühlschrank bis zu 2 Monaten.

FRITTIERTE AUBERGINEN HAKOSEM

Für 8 Scheiben

2 mittelgroße Auberginen
koscheres Salz
1 l Pflanzenöl zum Frittieren
140 g Maisstärke
140 g Weizenmehl

Diese Auberginenscheiben sind außen knusprig und innen cremig. Schneiden Sie die Auberginen der Länge nach auf, damit sich die Samen gleichmäßig verteilen.

Die Aubergine sollte beim Kauf festes Fleisch, eine dunkellila Farbe und eine straffe glänzende Haut haben. Wenn sie leicht ist, hat sie nicht zu viele Samen, und das ist gut: je weniger Samen, desto besser die Aubergine. *Rezept:* Ariel Rosenthal

1. Die Auberginen schälen und in der Mitte durchschneiden. Die Hälften auf die Schnittseite stellen und senkrecht in 1 Zentimeter dicke Scheiben schneiden.
2. Die Scheiben auf Backpapier legen, großzügig mit Salz bestreuen und 45 Minuten beiseitestellen. Dadurch werden Bitterstoffe entzogen und das Gemüse nimmt beim Frittieren weniger Öl auf.
3. Das Salz abwaschen und die Auberginen etwa 10 Minuten in einem Küchensieb oder auf einem Küchenkrepp abtropfen lassen. Das überschüssige Wasser mit Küchenkrepp abtupfen.
4. Das Öl in einem Topf mit schwerem Boden auf 180 °C erhitzen.
5. Die Stärke und das Mehl in einer flachen Schüssel mischen.
6. Die Auberginenscheiben darin wälzen, sie sollten gleichmäßig dünn überzogen sind. Das überschüssige Mehl abklopfen.
7. Die Scheiben dann vorsichtig in das heiße Öl gleiten lassen und 3–4 Minuten auf beiden Seiten goldbraun frittieren. In einem Küchensieb oder auf einem Küchenkrepp abtropfen lassen. Sofort servieren.

FALAFEL HAKOSEM

Ergibt etwa 45 Bällchen

500 g getrocknete Kichererbsen
1 ½ Tassen Petersilie
1 ½ Tassen Koriander
1 mittelgroße Zwiebel, grob gehackt
2 Knoblauchzehen
½ grüne Chilischote, z. B. Serrano, ohne Samen
½ EL gemahlener Kreuzkümmel
½ EL Schwarzkümmelsamen
1 EL Salz
1 ¼ TL gemahlener Koriander
1 EL Sesamsamen
1 TL Natron
Pflanzenöl zum Frittieren

Dazu passt
Tahini-Sauce (s. S. 281)

Wenn Sie Falafel noch nicht selbst gemacht haben, lassen Sie sich überraschen! Dieses Rezept ist ganz einfach und eignet sich nicht nur für Kichererbsen, sondern auch für andere Hülsenfrüchte. Das Geheimnis einer knusprigen Falafel liegt im Teig, der aus gemahlenen eingeweichten Kichererbsen besteht. Manche Leute fügen noch Mehl oder Semmelbrösel hinzu, aber nötig ist es nicht. Die Kombination aus Wasser und Natron sorgt für die luftige Textur, durch Zwiebel, Knoblauch und Kräuter werden die Falafeln saftig und aromatisch. Zusammen mit Tahini als Appetithäppchen servieren.
Rezept: Ariel Rosenthal

1. Die Kichererbsen gründlich abbrausen, in eine Schüssel geben und mit so viel Wasser übergießen, dass sie mindestens 5 Zentimeter bedeckt sind. Anschließend im Kühlschrank 12 Stunden quellen lassen.
2. Das Wasser abgießen und die Kichererbsen erneut abbrausen.
3. Die Kichererbsen, die Petersilie, den Koriander, die Zwiebel, den Knoblauch und die Chilischote in der Küchenmaschine oder im Standmixer grob pürieren.
4. Die Mischung sollte feucht und leicht krümelig sein und gerade so die Form halten, wenn man sie zu Bällchen rollt. Nach und nach 60–80 ml Wasser hinzufügen, um die gewünschte Textur zu erhalten. Die Mischung bis zur Weiterverarbeitung in einem luftdichten Behälter aufbewahren. Sie ist etwa 12 Stunden haltbar.
5. Den Kreuzkümmel, das Salz, den Koriander, die Sesam- und die Schwarzkümmelsamen und das Natron in einer kleinen Schüssel vermischen.
6. Die Gewürzmischung zur Kichererbsenmasse hinzufügen und das Ganze gut verrühren. Wenn die Mixtur zu trocken ist, noch etwas Wasser hinzufügen.
7. Eine tiefe Pfanne etwa 5 Zentimeter hoch mit Öl füllen und auf 180 °C erhitzen. Mit einem Falafellöffel oder einem kleinen Eiscremeportionierer walnussgroße Bällchen formen und leicht andrücken. Jeweils sechs Bällchen auf einmal etwa 3 Minuten auf allen Seiten goldbraun frittieren. In einem Küchensieb oder auf einem Küchenkrepp abtropfen lassen.
8. Warm mit Tahini servieren.

MAROKKANISCHER FISCH HAKOSEM

Ein großartiges Rezept für Meeräschen in einer dickflüssigen aromatischen Sauce mit viel Gemüse und Kichererbsen. Ich koche es gerne traditionell in einem Aluminiumtopf, um den Geist und den Geschmack des Rezepts möglichst originalgetreu zu erzielen. Statt Meeräsche können Sie auch Zackenbarsch, Loup de Mer oder Schwarzen Trommler verwenden.
Rezept: Ariel Rosenthal

Für 4–6 Personen

450 g Kartoffeln, geschält und in 5 Millimeter dicke Scheiben geschnitten
450 g reife Tomaten, in 5 Millimeter dicke Scheiben geschnitten
450 g rote Paprikaschoten, in 5 Millimeter dicke Scheiben geschnitten
½ grüne Chilischote, z. B. Serrano, in dünne Scheiben geschnitten
5 Knoblauchzehen, in dünne Scheiben geschnitten
2 TL gemahlene Kurkuma
1 TL gemahlener Kreuzkümmel
1 TL marokkanische oder süßes Paprikapulver
2 TL Salz
160 ml Maiskeimöl
2 EL Harissa, selbst gemacht (s. S. 180/181) oder aus dem Glas, plus mehr nach Belieben
1 Zitrone, geviertelt
1 Tasse Koriander, ohne Stängel, gehackt
900 g Meeräschenfilets, ohne Haut und entgrätet
500 g gekochte Kichererbsen für Salate und Eintöpfe (s. S. 176/177)

Dazu passt
Challah-Brot
Eingelegte Karotten und eingelegter Kohl (s. S. 190)

1. Für die Sauce auf dem Boden eines breiten, flachen Topfes (am besten aus Aluminium) eine gleichmäßige Schicht Kartoffeln auslegen. Dann die Tomaten, die Paprika, die Chilischoten und den Knoblauch darüberschichten. Mit Kurkuma, Kreuzkümmel, Paprika und Salz würzen. 720 ml Wasser, das Öl, das Harissa, die Zitrone und die Hälfte des Korianders hinzufügen und das Ganze aufkochen. Danach 10 Minuten simmern lassen. Die Temperatur reduzieren, zudecken und etwa 40 Minuten kochen, bis die Kartoffeln weich sind.
2. Die Zitrone entfernen. Abschmecken, gegebenenfalls noch etwas Harissa unterrühren. Falls die Sauce zu reduziert sein sollte, etwas mehr Wasser nachgießen.
3. Die Meeräschenfilets in die Sauce geben und die Kichererbsen hinzufügen. Zudecken und den Fisch etwa 5 Minuten garen, er sollte durch, aber nicht zu trocken sein. Mit dem restlichen Koriander bestreuen und servieren.

REIS MIT KARAMELLISIERTEN ZWIEBELN HAKOSEM

Der Schlüssel zu diesem einfachen, aber köstlichen Gericht liegt in der Dosierung der Zutaten: zu gleichen Teilen goldbraun karamellisierte Zwiebeln und Reis.
Rezept: Ariel Rosenthal

Für 8 Personen

120 ml Pflanzenöl zum Frittieren
900 g Zwiebeln, gehackt
1 kg Jasminreis
1 EL Salz
500 g gekochte Kichererbsen für Salate und Eintöpfe (s. S. 176/177)

1. Das Öl einem großen Topf bei mittlerer Temperatur erhitzen, die Zwiebeln hinzufügen und etwa 35–40 Minuten dunkelbraun garen. Vorsicht, sie dürfen nicht verbrennen. Hin und wieder rühren.
2. Den Reis hinzufügen und unter ständigem Rühren 3–4 Minuten anbraten.
3. Das Salz in 1,8 l kochendem Wasser lösen und vorsichtig über den Reis gießen. Achtung, Spritzgefahr!
4. Zudecken und etwa 14 Minuten kochen lassen, bis der Reis gar und das Wasser verkocht ist.
5. Den Herd ausschalten und alles gut verrühren. Abdecken und 10 Minuten ruhen lassen.
6. Mit den Kichererbsen garnieren und servieren.

EINGELEGTE KAROTTEN UND EINGELEGTER KOHL

Rezept: Ariel Rosenthal

1,3 kg Weißkraut, grob gehackt
450 g Karotten, in 5 Millimeter dicke Scheiben geschnitten
5–6 Staudensellerie, ohne Blätter, grob gehackt
6 Knoblauchzehen, zerdrückt
1 ¼ EL Salz
80 ml Maiskeimöl
1,25 l säurearmer Weißweinessig

1. Das Weißkraut, die Karotten, den Sellerie und den Knoblauch in eine große Schüssel geben. Das Salz hinzufügen und gut verrühren. Das Gemüse in ein bis zwei große luftdichte Behälter füllen.
2. Das Öl, den Essig und 720 ml Wasser mischen und über das Gemüse gießen.
3. Verschließen und mindestens 24 Stunden im Kühlschrank ziehen lassen und innerhalb von 5 Tagen servieren. Das Gemüse wird kontinuierlich weicher.

NO:23775
13:16 01/11/16

القدس

KICHERERBSEN DER GÖTTER – NEUGIER AUFS ESSEN –
DIE SÜSSESTEN KICHERERBSEN VON ALLEN –
SAG MIR, WIE DU DEIN HUMMUS MAGST, UND ICH SAGE DIR,
WER DU BIST – EIN HUMMUS-NARRATIV – KICHERERBSEN
FÜR DEN ERSTGEBORENEN – ARBES: KICHERERBSEN MIT SALZ
UND PFEFFER – LABLABI: SCHARFE KICHERERBSEN

Jerusalem

QEDREH KHALILIYEH: HEBRONER EINTOPF – FALAFEL MIT
LAMMHACKFÜLLUNG – BAJIA: JEMENITISCHE FALAFEL – GERÖSTETER KÜRBIS
MIT TAHINI-JOGHURT-SAUCE, KICHERERBSEN UND GRÜNER CHILISAUCE –
QUDSIYEH: HUMMUS MIT FUL MEDAMES UND KICHERERBSEN –
HAMIN SHPONDRA: RINDFLEISCH-KARTOFFEL-KICHERERBSEN-EINTOPF

ירושלים

مخبز القدس
السلايمة
مخبز القدس
السلايمة

הקב"ה
שבת - פרשת וישלח
זמן הדלקת הנרות
וכניסת השבת
ירושלים
3.59
5.13
UNDER ARMOUR

Coca-Cola
Coca-Cola

Hassan al-Baghdadi, ein Restaurantbesitzer aus Ost-Jerusalem, bereitet sein Hummus immer noch im Mörser zu. »Hummus? Das stammt direkt von Gott!«, sagt er.

43
adidas

Ibrahim Abu el-Hawa aus A-Tur auf dem Mount of Olives, öffnet sein Herz, sein Heim und sein Hostel für alle. Er glaubt an Gott und die Menschen – nicht aber an Grenzen oder Religionen.

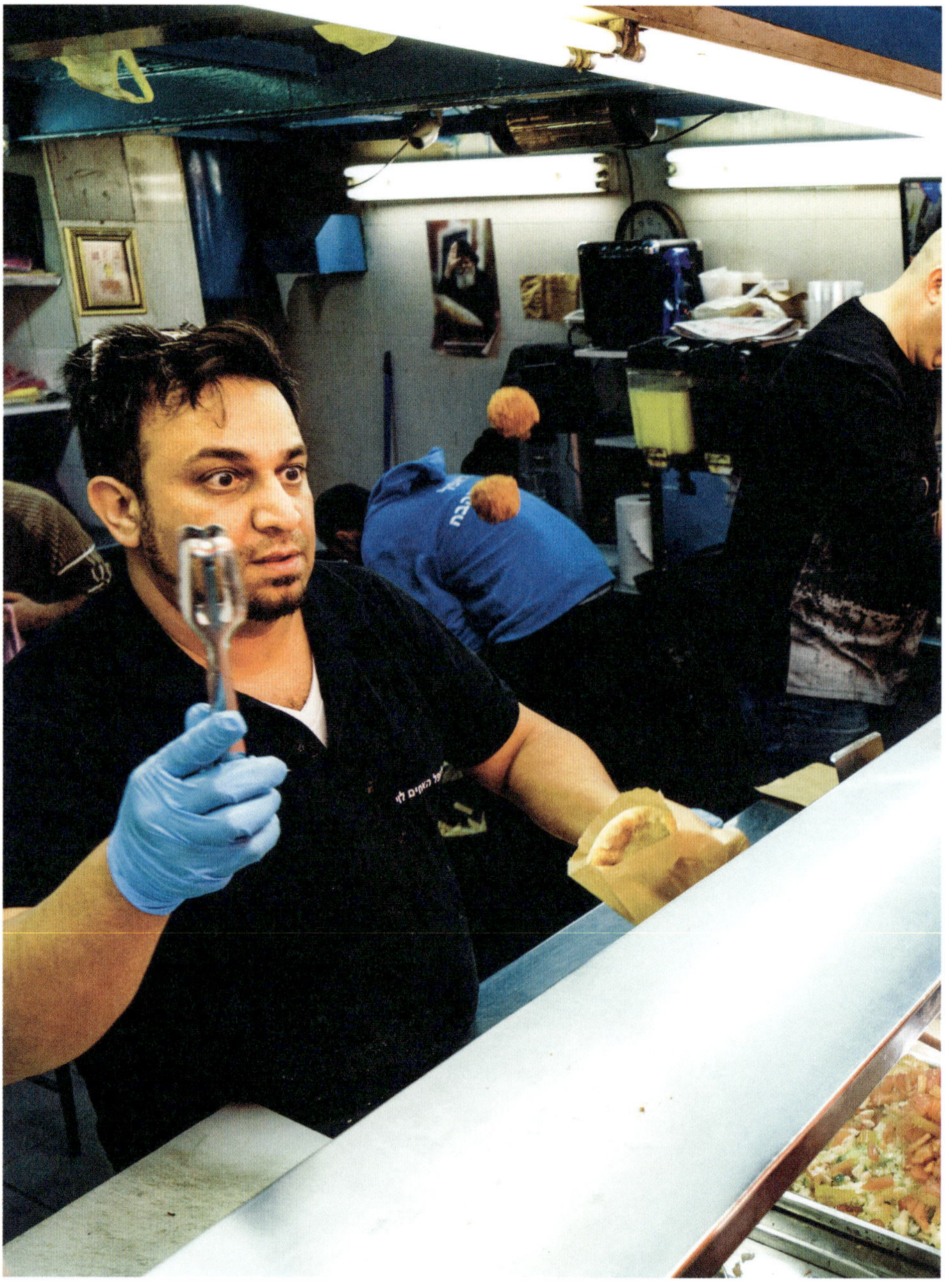

Eine Hummusmahlzeit 1935.
Photo Elia, Jerusalem

KICHERERBSEN DER GÖTTER

Schwarze Kichererbsen aus Apulien

Schwarze Kichererbsen oder Venuskicher, wie Plinius sie nannte, wurden der Göttin der Liebe und der Schönheit geopfert und während orgiastischer Feste als Aphrodisiakum verzehrt.

In seinem Buch *Über die Kräfte der Nahrungsmittel* listet der griechische Arzt Galenos im 1. Jahrhundert n. Chr. die besonderen Eigenschaften auf, die man der schwarzen Kichererbse zuschreibt. Im Altertum wurden Kichererbsen auch »Bock« genannt, weil ihre Samen einem Widderkopf ähneln.

NEUGIERIG AUFS ESSEN

Sami Tamimi

Neugierig aufs Essen und Kochen bin ich schon, seit ich denken kann. Ich bin im muslimischen Teil der Jerusalemer Altstadt zur Welt gekommen und stamme aus einer liberalen, aber traditionell geprägten Familie. Seit meiner Kindheit träumte ich davon, die Mauern der Altstadt zu überwinden und der Enge zu entfliehen. Ich war hungrig auf Neues.

Den Großteil meiner Kindheit hätte ich am liebsten ich in der Küche verbracht, denn dort fand das Leben statt! Aber ich wurde immer wieder vertrieben, denn es hieß, die Küche wäre kein Ort für einen Jungen, sie gehöre den Frauen, eine Auffassung, die auch heute noch weitverbreitet ist.

Aber meine Neugier auf das Kochen war geweckt. Als Jugendlicher suchte ich einen Job für die Sommerferien und fragte bei einem gut gebuchten Hotel nach. Dort begann ich als Gepäckträger und arbeitete mich hoch zur Hilfskraft in der Küche. Ich hatte die trubelige Hotelküche kaum betreten und sah die ganzen Köche, die dort arbeiteten, da fühlte ich mich schon heimisch. Es war Liebe auf den ersten Blick.

Rasch machte ich Karriere und wurde zum Frühstückskoch befördert. Ich war stolz darauf, jeden Morgen für Hunderte von hungrigen Gästen Rühreі zu machen, und hätte nicht glücklicher sein können. Trotzdem war mein Hunger auf Neues noch nicht gestillt, und deshalb ging ich nach Tel Aviv, um weiter zu lernen. Nach mehreren Stationen bei Cafés und Restaurants landete ich im Lilit, wo mich Karen Handler-Kremmermans Küchenphilosophie stark beeinflusste und mich zu dem Koch machte, der ich heute bin. Es war ein Wendepunkt für mich, der Fingerzeig, wohin meine kulinarische Reise gehen sollte. Ich erkannte, wie wichtig frische Zutaten und deren Zubereitung sind und dass man traditionelle Zutaten auch auf neue Art und Weise einsetzen kann. Tel Aviv war eine wichtige Station in meiner Karriere, aber erst als es mir gelang, als palästinensischer Araber in London Fuß zu fassen, fühlte ich mich frei und gleichberechtigt. London ist eine wunderbare Stadt, um hier zu kochen und essen zu gehen: Langeweile ist für mich ein Fremdwort. Und kaum jemand ermahnt mich mehr, ich solle die Küche verlassen.

…

Sami Tamimi ist ein palästinensischer Koch, Mitbesitzer der Londoner Ottolenghi-Nopi-Restaurants und Mitautor des Kochbuch-Bestsellers *Jerusalem*.

DIE SÜSSESTEN KICHERERBSEN VON ALLEN

Kdaameh

Kdaameh, auch als *noghl, lablabi şekeri* oder *mlabas* bekannt, sind die Nahost-Version von Dragees: geröstete Kichererbsen im Zuckermantel, die in verschiedenen Farben eingefärbt werden.

Diese traditionelle Süßigkeit wird im Iran, in Afghanistan und in der Türkei gerne gegessen. Dazu werden die Kichererbsen geröstet und in einen Sirup aus Zucker, Wasser und Rosenwasser getaucht.

Irakische und persische Juden servieren *kdaameh* bei Festen zur Hochzeit, Geburt und der Einweihung einer neuen Thora, während Palästinenser sie das ganze Jahr über essen, vor allem aber im Ramadan.

Old Jerusalem Alleyways
حواري القدس العتيقة
Coca-Cola
بدكو تعرفوا أكتر؟
أدخلوا ع صفحة
Coca-Cola as7ab

SAG MIR, WIE DU DEIN HUMMUS MAGST, UND ICH SAGE DIR, WER DU BIST

Prof. Liora Gvion

Ich liebe Hummus, wenn es frisch zubereitet und mit Zitronensaft beträufelt ist, aber ich esse mein Hummus nie in einer *hummusiya*, einem Restaurant, das auf Hummus spezialisiert ist. Es sei denn, es wird von einem Araber geführt und das Hummus wird von Arabern zubereitet und serviert. Dass ich israelisch geführte *hummusiyas* meide, hat vor allem soziale und politische Gründe, die mit der Herstellung, der Kommerzialisierung und dem Verzehr von Hummus in Israel zusammenhängen.

»Hummologen«, sogenannte Hummusexperten, die sich als echte Connaisseure bezeichnen und immer auf der Suche nach dem besten Hummus sind, diskutieren die schicksalsschwere Frage: »Was macht eine gute *hummusiya* aus?« Hummus ist in vielerlei Hinsicht wie Kaffee. Man trinkt seinen Kaffee gerne in einem bestimmten Café oder nicht. Jeder mag seinen Kaffee auf eine bestimmte Art, die andere vielleicht nicht so mögen. Genauso ist es auch mit dem Hummus. Die Qualität allein macht noch keine gute *hummusiya* aus.

Hummologen erwarten, dass eine *hummusiya* gut und preiswert ist. Manche erinnern sich an ihren Militärdienst, als sie sich nach dem Heimweg aus der Kaserne mit einem Teller frischem Hummus belohnten. Für sie war der Besuch einer *hummusiya*, in Uniform und manchmal auch bewaffnet, nicht Ausdruck von Herrschaft über eine Bevölkerung, deren traditionelles Gericht sie aßen, sondern er stand für Reife, Männlichkeit und die Freiheit, auswärts essen zu können. Eine gute *hummusiya*, behaupten sie, kann aus einem zufälligen Besucher einen Stammgast machen. Zum Stammgast-Status gehört, dass man mit Fremden am Tisch sitzt, dass man rasch isst und wieder geht, wenn der Teller leer und die Rechnung bezahlt ist. Um mit Freunden zusammenzusitzen und zu plaudern ist das nicht der richtige Ort. Auch die Entfernung der *hummusiya* von der Wohnung oder vom Arbeitsplatz spielt für Hummologen eine wichtige Rolle. Dann könnte ich also nie Stammgast in einer Jerusalemer *hummusiya* werden, denn ich lebe in Tel Aviv.

Wenn ich bei einem Juden Hummus kaufe, wird mir klar, wie weit sich das Hummus von seinen Ursprüngen entfernt hat – und von den Menschen, die es als Erste zubereitet und gegessen haben. Es ist mittlerweile kommerzialisiert worden. Verschiedene soziale Gruppen in Israel haben unterschiedliche Vorlieben und regelrechte Hummus-Philosophien entwickelt, die sich über die Jahre hinweg verändert haben. Das gilt sowohl für Juden als auch für Araber. Meine Eltern, gut ausgebildete aschkenasische Juden, brachten immer Hummus mit nach Hause, damit ich andere Gerichte kennenlernte. Hummus war für mich ein arabisches Gericht, das seinen Weg in jüdische Küchen und Restaurants gefunden hatte. Allerdings mit einem wesentlichen Unterschied, wie ich später erfuhr: Während es in arabischen Restaurants als Vorspeise mit Tahini-Sauce und Pita-Brot serviert wurde, kam es bei uns zu Hause als leichtes Abendessen auf den Tisch, zusammen mit einem Salat. Meine Mutter verwendete fertiges Hummus aus der Dose und fügte Gewürze und Zitronensaft hinzu. Anders ging es nicht, denn in arabischen Dörfern kaufte man als Jude nicht ein.

Als Schülerin erlebte ich, wie meine Klassenkameraden Pita-Sandwiches mit Hummus, Salat und eingelegtem Gemüse dabeihatten. Pita mit Hummus galt als echter Leckerbissen. Meine Mutter war dagegen, auswärts Hummus zu essen, aber meine Großmutter, die immer der Meinung war, dass wir zu dünn wären, ging häufig mit uns zu einem kleinen, etwas schmuddeligen Imbiss, in dem ein schlecht gelaunter Mann unsere Pita-Brote mit reichlich Hummus füllte. Für sie war das gut angelegtes Geld. Bis heute erinnere ich mich an den Duft und den Geschmack des warmen, mit frischem Hummus gefüllten Pita-Brots, das wir bei dem finster dreinblickenden Mann nach Pessach aßen, weil er während der Feiertage kein gesäuertes Brot zubereitete.

Obwohl Aschkenasim (Juden europäischer Herkunft) und Mizrachim (Juden außereuropäischer Herkunft) Hummus auf ähnliche Weise aßen, war man der Auffassung, die Aschkenasim hätten erst nach und nach Geschmack an Hummus gefunden, während er den Mizrachim gewissermaßen angeboren wäre. Dabei war den Mizrachim das Hummus vor ihrer Einwanderung nach Israel genauso wenig bekannt. Doch schon bald verdienten viele Mizrachim ihren Lebensunterhalt mit Imbissständen und kleinen Restaurants. Dort gab es zur Mittagszeit Hummus mit *sabih*, es gab Couscous, *sofrito*, Fleischbällchen, gefülltes Gemüse, *chraimeh* und sogar Schnitzel mit

Kartoffelbrei. In aschkenasischen Restaurants hingegen gab es kein Hummus, sondern traditionell Gefilte Fisch, gehackte Leber oder Hühnersuppe. Ihre Speisekarte zeigte keinerlei arabische Einflüsse. Die Mizrachim dagegen verschlossen sich der Aufnahme fremder Gerichte in ihr kulinarisches Repertoire nicht, obwohl sie es ansonsten ablehnten, sich der arabischen Kultur anzunähern.

Ich weiß nicht, wann das Hummus beim Israelischen Unabhängigkeitstag kulinarisch unentbehrlich geworden ist. Zum Grillfest oder zum Picknick an diesem Tag gehört frisches Hummus einfach dazu, am besten aus einem arabischen Dorf, durch das man auf dem Weg zu den Feierlichkeiten gekommen ist. Die Menschen, die als Außenseiter in die nationale Gemeinschaft aufgenommen wurden und als ihre potenziellen Feinde gelten, machen das Festtagsgericht derjenigen koscher, die für die Nakba, die Vertreibung Hunderttausender Palästinenser im Zuge der israelischen Staatsgründung, verantwortlich sind. Eine Verantwortung, die nicht nur die Konfiszierung Palästinas, sondern auch die Unterdrückung der palästinensischen Esskultur umfasst.

Allerdings ist Hummus für die palästinensische Esskultur weit weniger wichtig, als viele meinen. Es waren die Juden, die aus einem einfachen, nahrhaften Frühstücksgericht, das man nach einigen Stunden Feldarbeit aß, ein kulinarisches Markenzeichen der Palästinenser machten. Ihre Vorliebe für dieses Essen hat es vielen Palästinensern zumindest ermöglicht, mit dem Verkauf von Hummus den Lebensunterhalt für ihre Familie zu verdienen – auch wenn sie es anders zubereiteten, als sie selbst es aßen. Weil sie kaum Aussichten und Möglichkeiten für besser bezahlte Arbeit hatten und deshalb auf die Gastronomie auswichen, trugen sie unfreiwillig dazu bei, ihre eigene Esskultur zu vernichten.

In den letzten zehn Jahren erlebten wir eine »Re-Palästinensierung«, die Rückbesinnung auf alte Traditionen und Gerichte. Man isst Hummus wieder aus einer Schüssel, ohne Beilage oder mit Kichererbsen, Kuhbohnen, Pinienkernen, Petersilie oder auch Hackfleisch. Dieser Trend wurde von Palästinensern und jüdischen Unternehmern initiiert, die ein wachsendes Interesse an pseudoauthentischen Gerichten wahrgenommen hatten. Auf diese Weise feierte das Hummus seinen Wiedereinzug in die kulinarische Landschaft Israels.

Obwohl ich Wert darauf lege, mein Hummus bei Arabern zu kaufen, muss ich gestehen, dass ich meine Prinzipien manchmal über Bord werfe. Ich mag eine Idealistin sein, aber ich bin keine Idiotin. Dann und wann brauche ich einfach mein Hummus!

Aber die *hummusiyas* meide ich aus einem weiteren Grund. Ich esse mein Hummus gern mit einem frischen Salat und selbst gewähltem Dressing, vorzugsweise mit Tabbouleh, und ich möchte kein Pita-Brot. Diese Kombination findet man in einer *hummusiya* so gut wie nie, weil Tabbouleh traditionell nicht mit Hummus serviert wird. Das gibt es höchstens in einem Restaurant, wo Hummus als Vorspeise angeboten wird. Und in diese Restaurants wiederum gehe ich nicht.

Oft werde ich gefragt: Könnten die Araber nicht bald mal aufhören, sich darüber zu beklagen, dass die Israelis das Hummus für sich beansprucht haben? Und könnten die Israelis nicht bald mal aufhören, sich dafür zu entschuldigen, dass sie ein arabisches Gericht vereinnahmt haben? Doch dieser strittige Punkt hat sich längst von der Frage der Urheberschaft gelöst und seine Kreise gezogen. An weitere palästinensische Gerichte hat sich Israel nicht herangetraut. Die Küche ist ein Bereich, in dem das praktische, meist von Frauen weitergegebene Wissen etwas unverwechselbar Palästinensisches besitzt. Die Monopolisierung des Hummus bedeutet, dass die Israelis in einen Bereich vorgedrungen sind, der bis vor Jahren ungestört war. Die Palästinenser hatten in diesem Punkt kaum eine Wahl, sie mussten mitmachen. Möglicherweise könnte ein neuer Dialog zwischen Israelis und Palästinensern entstehen, wenn mehr Israelis beim Essen von Hummus mal darüber nachdenken würden.

...

Prof. Liora Gvion ist Professorin für Soziologie am Kibbutzim College of Education in Tel Aviv. Sie unterrichtet auch am Institut für Ernährungslehre der Hebrew University of Jerusalem und hat das Buch *Beyond Hummus and Falafel: Social and Cultural Aspects of Palestinian Food in Israel* veröffentlicht.

EIN HUMMUS-NARRATIV

Hind Tahboub

An einem Samstagabend im Jahr 2017 war ich mit meiner Freundin Lara bei einer Einweihungsparty, die unter dem Motto »Kuba« stand. Die Gäste genossen Appetithäppchen und Knabbereien wie Oliven, Schinken, Käse, Nachos und Hummus. Ich hatte palästinensische Spezialitäten mitgebracht, darunter *kibbeh*, *sambusa* und *fatayer*. Als ich das Gebäck im Ofen noch einmal warmmachte, fiel mir siedend heiß ein: Ich hatte das Hummus, das ich extra für das Fest vorbereitet hatte, vergessen! Ich sagte Lara, dass ich es ihr am nächsten Tag im Büro vorbeibringen würde.

Sie flüsterte mir ins Ohr: »Schon okay, ich mag kein Hummus.«

»Das würde ein echter Palästinenser auch sagen!«, erwiderte ich.

»Wirklich?«

»Ja, es ist einfach nur ein verdammter Dip! Unsere Küche hat schließlich jede Menge anderer Köstlichkeiten. Ich mag auch lieber *kofta* mit Lamm, *mujadara* und *maqloubeh*.«

»Und warum machen dann alle so einen Wirbel um Hummus?«, fragte sie.

»Weil wir uns nicht gerne bestehlen lassen, darum!«

Wir sahen uns an und lachten.

...

Hind Tahboub ist ein palästinensischer Spitzenkoch aus Hebron. Er lebt und arbeitet heute in Paris, wo er den Bandora Catering Service betreibt.

בסימן **שמירה לילד וליולדת** טוב

ובמזל טוב — שדי קרע שטן

שיר למעלות אשא עיני אל־ההרים מאין יבא עזרי: עזרי מעם יי עשה שמים וארץ: אל־יתן למוט רגלך אל־ינום שמרך: הנה לא־ינום ולא יישן שומר ישראל: יי שמרך יי צלך על־יד ימינך: יומם השמש לא־יככה וירח בלילה: יי ישמרך מכל רע ישמר את נפשך: יי ישמר־צאתך ובואך מעתה ועד עולם:

לחש לעין הרע מהרב חיד"א ז"ל:

משביע אני עליכון כל עינא בישא עינא אוכמא עינא צרובא עינא תכלתא עינא ירוקא עינא ארוכה עינא קצרה עינא רחבה עינא צרה עינא ישרה עינא עקומה עינא עגולה עינא שוקעת עינא בולטת עינא רואה עינא מבטת עינא בוקעת עינא שואבת עינא דדכורא עינא דנוקבא עינא דאיש ואשתו עינא דאשה ובתה עינא דאשה וקריבותיה עין דבחור עין דזקן עין דזקנה עין דבתולה עין דבעולה עין דאלמנה עין דנשואה עין דגרושה כל מין עינא בישא שיש בעולם שראתה והביטה ודברה בעין הרע על (פב"פ) גזרנא ואשתבענא לכון בההיא עינא עילאה עינא קדישא עינא חדא עינא חיובא עינא דאיהו חיור גו חיור עינא דכליל כל חיור עינא דכלא ימינא עינא פקיחא עינא דאשגחותא תדירא עינא דכלא רחמי עינא דלית עלה גבנינו עינא דלא אדמיך ולא נאים עינא דכל עייני בישין אתכפיין ואיטמרן גו כיפין מן קדמואי עינא דנטיר לישראל דכתיב הנה לא ינום ולא יישן שומר ישראל וכתיב הנה עין ה' אל יראיו למיחלים לחסדו בההיא עינא עלאה גזרית ואשבעית עליכון כל מין עינא בישא שתסורו ותעקרו ותברחו ותרחיקו מעל (פב"פ) ומעל כל ב"ב ולא יהיה בכם שום כח לשלוט (בפב"פ) וכל ב"ב לא ביום

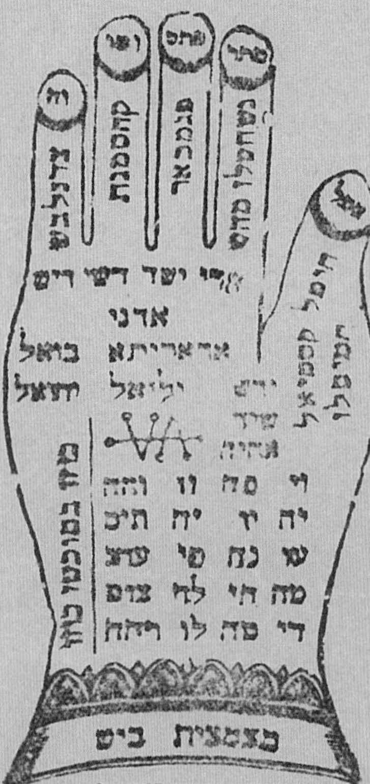

ולא בלילה לא בהקיץ ולא בחלום לא בשום אבר מרמ"ח אבריו (אבריה) ולא בשום גיד משס"ה גידיו (גידיה) מהיום ולעולם אמן נצח סלה ועד. אתה סתר לי מצר תצרני רני פלט תסובבני סלה. יושב בסתר וכו'.

מס' עבוה"ק בשם הרב חס"ל ז"ל:

בשם ה' אלהי ישראל ששמו גדול ונורא:

אליהו ז"ל היה מהלך בדרך ופגע בלילית אמר לה טמאה אנה תלכי אמרה לו אני הולכת לבית היולדת (פב"פ) לתת לה שנת המות ולקחת את בנה לאכלו, אמר לה תהיה בחרם עצורה מאת השי"ת אבן דומם תהיה, ענתה ואמרה לו אדוני התירני ואני נשבעתי בשם ה' לעזוב דרכי זה ובכל זמן שאני רואה או שומעת את שמותי מיד אברח, ועתה אודיע לך שמותי וכל זמן שיזכירו שמותי לא יהיה לי כח להרם או להזיק ונשבעתי אני לגלות את שמותי לך ותתנם לכתוב ולתלותם בבית הילד או היולדת ומיד אני בורחת: ואלו הם שמותי שטרינא, לילית, אבים, אמיזרפו, אמיזו, קקש, אודם איק, סודו, איילו, פטרוטא, אברו, קטא, קלי, בטנה, פרטשא,

וכל מי שיודע שמותי מיד אני בורחת מן התינוק ותלה בבית היולדת או הילד ואת הקמיע והילד וגם אמו לא ינוזקו ממני לעולם.

קבלה מר' אליעזר מגרמיזא בעל התוספות ז"ל, שמירה למגפה ושריפה, ה' ישמרנו ולתלות זאת נגד החלון או נגד הפתח בדוק ומנוסה וגם האר"י הק' הביא בכתב ידו כל זאת נפלא מאוד גם מר' אליהו בעל שם טוב זלה"ה:

אדם
אברהם
יצחק
יעקב

סני וסנסני וסמנגלף

פגיטוה:

מכשפה לא תחיה
מכשפה תחיה לא
לא מכשפה תחיה

נדפס פעה"ק
ירושלם
תובב"א

וחוה
ושרה
ורבקה
ולאה

לילית וכל כת דילה
חוצה:

לא תחיה מכשפה
תחיה מכשפה לא
תחיה לא מכשפה

דפוס
צוקערמאן

KICHERERBSEN FÜR DEN ERSTGEBORENEN

Beim Shalom Zachar steht die Kichererbse für den Kreislauf des Lebens

Gläubige aschkenasische Juden laden nach der Geburt ihres ersten Sohnes Familie und Freunde zu einem Shalom Zachar, am ersten Freitagabend nach der Geburt und vor der *Brit Milah*, der Beschneidungszeremonie.

Die Bezeichnung Shalom Zachar stammt aus der Niddah, einem Traktat des Talmud, das besagt: »Sobald ein Junge in die Welt kommt, kommt Frieden in die Welt.« Außerdem glaubt man, dass ein männlicher Nachkomme Frieden zwischen Ehemann und Ehefrau stiftet, so steht es im *Mataamim HaChodosh* von Rabbi Yitzhak Lipshutz MiShedlitz.

Die Feier findet freitags nach dem Abendessen statt, entweder im Haus der Familie des Neugeborenen oder in der Synagoge. Die Gäste begrüßen das Kind und die Familie, hören die Lesung aus der Thora und feiern bei Speisen und Getränken, wie zum Beispiel *arbes*, gekochten Kichererbsen mit Salz und Pfeffer.

Mit ihrer runden Form symbolisiert die Kichererbse den Kreislauf der Seele. Deshalb wird sie auch als Trauergericht serviert – und das zur Geburt eines männlichen Säuglings!

Es gibt mehrere Erklärungen für diesen Brauch, ein Trauergericht zu essen, wenn man ein neues Leben feiert. Eine davon besagt, dass die Trauer des Babys begangen wird, weil es den Mutterleib verlassen musste. Die Weisen glauben, dass der Fötus während dieser Zeit die ganze Thora lernt. Kurz bevor das Kind zur Welt kommt, tippt ihm ein Engel sanft auf die Lippen, sodass es alles wieder vergisst. So wird das Kind während seines Lebens Weisheit, Verständnis und Wissen erlangen.

Links:
Amulett für die Mutter und das neugeborene Kind.

Zukerman-Druck, Jerusalem, spätes 19. Jahrhundert. The Wolfson Museum of Jewish Art, Hechal Shlomo

2

ARBES: KICHERERBSEN MIT SALZ UND PFEFFER

Dieses Rezept stammt ursprünglich aus Polen, wo es mit gelben Bohnen zubereitet wurde. In Israel wurden diese durch Kichererbsen ersetzt. Wenn man sie mehrere Male aufkocht und keine Treibmittel verwendet, sollen sie besonders weich und besser verdaulich werden.

Für 4–6 Personen

400 g getrocknete Kichererbsen
1 EL koscheres Salz, plus mehr nach Belieben
frisch gemahlener schwarzer Pfeffer nach Belieben

1. Die Kichererbsen gründlich abbrausen, mit dem Salz in eine Schüssel geben und so viel Wasser hinzufügen, dass sie mindestens 5 Zentimeter bedeckt sind. Dann im Kühlschrank 24 Stunden einweichen. Abgießen und erneut gründlich abbrausen.
2. In einem großen Topf reichlich Wasser zum Kochen bringen. Die Kichererbsen hinzufügen und 8–10 Minuten kochen, bis sich an der Oberfläche weißer Schaum bildet. Abgießen und beiseitestellen.
3. Den Topf mit frischem Wasser füllen und zum Kochen bringen. Die Kichererbsen dazugeben und weitere 8–10 Minuten kochen, bis sich weißer Schaum bildet. Die Kichererbsen abgießen und den Vorgang so lange wiederholen, bis sich kein Schaum mehr bildet, insgesamt vier bis fünfmal.
4. Die Kichererbsen erneut in den Topf geben, mit Wasser bedecken und aufkochen, die Temperatur reduzieren und 2–3 Stunden simmern lassen, bis sie weich sind.
5. Die Kichererbsen abgießen und in eine saubere Schüssel geben. Mit Salz und Pfeffer abschmecken und die Schüssel rütteln, damit sich die Gewürze verteilen (nicht mit dem Löffel rühren, damit die Kichererbsen nicht zerdrückt werden). *Arbes* schmeckt am besten zimmerwarm.

LABLABI: SCHARFE KICHERERBSEN

Lablabi ähnelt dem sephardischen *arbes*, ist aber würziger und reichhaltiger und wird meist als Snack zu *arak* (Anisschnaps) und *boukha* (Feigenschnaps) gegessen, vor allem an Sabbat. Probieren Sie ruhig verschiedene Gewürze aus und finden Sie heraus, was Ihren Gaumen am meisten erfreut! Das Gericht am besten schon am Vortag zubereiten, damit sich die Aromen verbinden können.

Für 4 Personen

400 g getrocknete Kichererbsen
60 ml Olivenöl
3 Knoblauchzehen, zerdrückt
1 TL gemahlener Kreuzkümmel
½ grüne Chilischote, z. B. Serrano, gehackt
Saft von 1 großen Zitrone
2–3 EL Petersilienblätter, gehackt
Salz und frisch gemahlener schwarzer Pfeffer

1. Die Kichererbsen gründlich abbrausen, in eine Schüssel geben und mit so viel Wasser aufgießen, dass sie mindestens 5 Zentimeter bedeckt sind. Mindestens 12 Stunden einweichen lassen.
2. Die Kichererbsen abgießen und abbrausen.
3. In einen großen Topf geben und mit so viel Wasser aufgießen, dass sie mindestens 5 Zentimeter bedeckt sind. Aufkochen, die Temperatur reduzieren und etwa 1½ Stunden simmern lassen, bis die Kichererbsen weich sind, aber noch ihre Form behalten.
4. Die Kichererbsen abgießen, in eine Schüssel geben, die restlichen Zutaten hinzufügen und gründlich mischen. Abschmecken.
5. Die Schüssel abdecken und für mindestens ½ Stunde in den Kühlschrank stellen. Anschließend servieren.

QEDREH KHALILIYEH: HEBRONER EINTOPF

Dieses traditionelle Gericht, auch *mansef* genannt, stellt Reis, Lamm und Kichererbsen zu einem pikanten Eintopf zusammen.
Rezept: Hind Tahboub

Für 6 Personen

1 kg Lammkeule
400 g ägyptischer oder anderer Kurzkornreis
2 EL Olivenöl
1 mittelgroße Zwiebel, fein gehackt
1 Knoblauchknolle, in Zehen geteilt und abgezogen
250 g gekochte Kichererbsen für Salate und Eintöpfe (s. S. 176/177)
1 TL gemahlener Kreuzkümmel
1 TL gemahlene Kurkuma
1 TL Kardamomkapseln
1 TL gemahlener Zimt
1 TL gemahlener Koriander
1 Prise gemahlener Ingwer
1 Prise gemahlene Muskatnuss
1 TL frisch gemahlener schwarzer Pfeffer
1 TL Salz
1 EL *samneh baladi*, Lammfett oder Ghee

Dazu passt
Geröstete Pinienkerne
Geröstete Kichererbsen
Koriander, fein gehackt
Vollfetter Naturjoghurt

1. Einen großen Topf mit gesalzenem Wasser zum Kochen bringen und die Lammkeule hineinlegen. Noch einmal aufkochen, dann die Temperatur reduzieren und 1½ Stunden köcheln lassen. Die Lammkeule beiseitestellen und das Kochwasser aufbewahren.
2. Den Reis mit heißem Wasser gründlich abbrausen und beiseitestellen.
3. Den Ofen auf 200 °C vorheizen.
4. Das Öl in einem großen Topf erhitzen. Die Zwiebel, den Knoblauch und die gekochten Kichererbsen hinzugeben und anbräunen. Vom Herd nehmen und den Reis und die Gewürze unterrühren und gründlich vermischen.
5. Das aufbewahrte Kochwasser erneut kurz aufkochen.
6. Die Reismischung in einen Ton- oder Kupfertopf oder einen anderen feuerfesten Topf geben, 2 Tassen des kochenden Kochwassers hinzufügen und die Lammkeule darauflegen. Abschmecken. Mit Alufolie abdecken und im Ofen etwa 1 Stunde garen lassen, bis das Fleisch zart ist.
7. Die Alufolie herunternehmen, das Fett hinzufügen und noch etwa 15 Minuten unbedeckt im Ofen braten.
8. Mit gerösteten Pinienkernen, gerösteten Kichererbsen und Koriander garnieren und mit dem gekühlten Joghurt servieren.

FALAFEL MIT LAMMHACKFÜLLUNG

Diese Variante ist eine Mischform zwischen *kibbeh* und Falafel

Für etwa 40 Bällchen

Für die Fleischfüllung
3 EL Olivenöl
1 mittelgroße Zwiebel, fein gehackt
300 g Lammhack
1 TL fertiges oder selbst gemachtes *baharat* (s. S. 376)
Salz und frisch gemahlener schwarzer Pfeffer

Für die Falafel
500 g getrocknete Kichererbsen, über Nacht in kaltem Wasser eingeweicht
1 große Zwiebel, grob gehackt
4 Knoblauchzehen
1 grüne Chilischote, z. B. Serrano, ohne Samen
1 ¼ Tassen frischer Koriander, nur die Blätter
½ Tasse frische Minze, nur die Blätter
2 TL gemahlener Koriander
1 TL gemahlener Kreuzkümmel
2 TL Salz
½ TL frisch gemahlener schwarzer Pfeffer
1 TL Backpulver
1 TL ungebleichtes Weizenmehl nach Belieben
Pflanzenöl zum Frittieren

1. Für die Fleischfüllung das Öl in einer großen Pfanne auf mittlerer Stufe erhitzen. Wenn es simmert, die Zwiebel hinzufügen und goldbraun anbraten. Abkühlen lassen.
2. Das Lammhackfleisch in eine mittelgroße Schüssel geben und die angebratene Zwiebel, das *baharat*, Salz und Pfeffer unterrühren. Die Mischung in 40 Bällchen teilen und in den Kühlschrank stellen.
3. Für die Falafel die Kichererbsen abgießen und gründlich abbrausen. Die Kichererbsen im Fleischwolf zermahlen, mit der Zwiebel, dem Knoblauch, der Chilischote, dem Koriander und der Minze zu einer krümeligen Masse verarbeiten. Sie sollte die Form halten, wenn man sie zusammendrückt. Wenn nötig, esslöffelweise Wasser hinzufügen, bis die gewünschte Konsistenz erreicht ist. Alternativ die genannten Zutaten in der Küchenmaschine zu einer krümeligen Masse pürieren. Auch hier, wenn nötig, Wasser nachgießen.
4. Den Kichererbsenbrei in eine Schüssel geben, Koriander, Kreuzkümmel, Salz, Pfeffer, Backpulver und 60 ml Wasser hinzufügen, gründlich verrühren und abschmecken. Ist die Mischung zu feucht, das Mehl unterrühren.
5. Aus der Mischung 40 walnussgroße Bällchen formen, leicht abflachen, jeweils eines der fertigen Fleischbällchen in die Mitte geben und wieder verschließen.
6. 5 Zentimeter Öl in eine tiefe Pfanne geben und auf 180 °C erhitzen. Immer sechs Falafeln darin auf einmal etwa 3 Minuten auf allen Seiten goldbraun frittieren. In einem Sieb oder auf einem Küchenkrepp abtropfen lassen.

BAJIA: JEMENITISCHE FALAFEL

Die jemenitischen Einwanderer, die in den 1950er-Jahren nach Israel kamen und Imbissstände eröffneten, würzten ihre Falafel zusätzlich zum traditionellen Kreuzkümmel und Koriander auch mit Kardamom, Gewürznelken und Chili. Sie steckten die frittierten Bällchen in luftige Pita-Brote und träufelten reichlich Tahini und *zhug* (eine scharfe jemenitische Sauce) darüber.

Für 40 Bällchen

400 g getrocknete Kichererbsen
1 mittelgroße Zwiebel, grob gehackt
4 Knoblauchzehen, abgezogen
⅔ Tasse frischer Koriander, nur die Blätter
⅔ Tasse frische Petersilie, nur die Blätter
2 TL Salz
2 TL gemahlener Kreuzkümmel
1 TL gemahlener Koriander
1 TL edelsüßes Paprikapulver
1 TL Chilipulver
½ TL gemahlener Kardamom
1 Prise gemahlene frische Gewürznelken
4 EL ungebleichtes Weizenmehl oder Semmelbrösel
½ TL Natron oder 1 TL Backpulver
Pflanzenöl zum Frittieren

Dazu passt
Tahini-Sauce (s. S. 281)

1. Die Kichererbsen gründlich abbrausen, in eine Schüssel geben und so viel Wasser hinzufügen, dass sie mindestens 5 Zentimeter bedeckt sind. Im Kühlschrank 12 Stunden einweichen lassen. Die Kichererbsen abgießen und erneut gründlich abbrausen.
2. Die Kichererbsen, die Zwiebel, den Knoblauch, den Koriander und die Petersilie in der Küchenmaschine zu einer stückigen Masse pürieren.
3. Die Kichererbsenmischung in eine Schüssel geben, die restlichen Zutaten hinzufügen und mit den Händen gut mischen, anschließend 15 Minuten ruhen lassen.
4. 5 Zentimeter Öl in einer tiefen Pfanne auf 180 °C erhitzen. Mit feuchten Händen, zwei Esslöffeln, einem Falafel-Löffel oder einem kleinen Eiscremeportionierer die Masse in walnussgroße Bällchen formen und leicht flach drücken.
5. Immer sechs Falafelbällchen darin auf einmal etwa 3 Minuten rundum goldbraun frittieren. In einem Sieb oder auf einem Küchenkrepp abtropfen lassen. Sofort mit Tahini servieren.

GERÖSTETER KÜRBIS MIT TAHINI-JOGHURT-SAUCE, KICHERERBSEN UND GRÜNER CHILISAUCE

Dieses vegetarische Hauptgericht des innovativen Spitzenkochs Sami Tamimi kombiniert traditionelle palästinensische Zubereitungsmethoden mit einer sehr britischen Zutat, dem Butternuss-Kürbis. *Rezept:* Sami Tamimi

Für 6–8 Personen

1 Butternuss-Kürbis, die Kerne entfernt, längs in 2–3 Zentimeter breite Spalten geschnitten
2 mittelgroße rote Zwiebeln, in 3–4 Zentimeter breite Spalten geschnitten
3 EL Olivenöl
1 Knoblauchzehe, zerdrückt
Salz und frisch gemahlener schwarzer Pfeffer
¾ TL gemahlener Zimt

Für die Tahini-Joghurt-Sauce
150 g griechischer Joghurt
2 EL Tahini
2 EL frischer Zitronensaft
Salz und frisch gemahlener schwarzer Pfeffer

Für die frittierten Kichererbsen
60 ml Olivenöl
½ TL gemahlener Kreuzkümmel
½ TL edelsüßes Paprikapulver
1 Knoblauchzehe, zerdrückt
¼ TL Salz
1 Tasse Kichererbsen für Salate und Eintöpfe (s. S. 176/177) oder aus der Dose, abgetropft

Für die grüne Chilisauce
3 EL Korianderblätter, grob gehackt, plus 1 EL zum Servieren
2 EL Petersilienblätter, grob gehackt
1–2 grüne Chilischoten, z. B. Serrano, ohne Samen und fein gehackt
½ TL Kreuzkümmelsamen, geröstet und gemörsert
4 Kardamomkapseln
3 EL Olivenöl
Salz und frisch gemahlener schwarzer Pfeffer

1. Den Ofen auf 220 °C vorheizen und ein Backblech mit Backpapier auslegen.
2. In einer Schüssel den Kürbis, die Zwiebeln, das Öl, den Knoblauch, Salz und Pfeffer mischen. Den Kürbis mit der Schale nach unten auf dem Backblech verteilen. Mit Zimt bestäuben und in etwa 35 Minuten weich, aber bissfest rösten und karamellisieren. Abkühlen lassen.
3. Für die Tahini-Joghurt-Sauce alle Zutaten in einer Schüssel gut verrühren und beiseitestellen.
4. Für die Kichererbsen das Öl in einer mittelgroßen Pfanne bei mittlerer Temperatur erhitzen, den Kreuzkümmel, Paprikapulver, den Knoblauch und das Salz hinzufügen und 1–2 Minuten anbraten, bis der Knoblauch braun zu werden beginnt. Die Kichererbsen hinzufügen und unter ständigem Rühren etwa 6–7 Minuten goldbraun und knusprig anbraten, bis sie das Öl aufgenommen haben. Abkühlen lassen.
5. Für die Chilisauce alle Zutaten in einer kleinen Schüssel vermischen und beiseitestellen.
6. Die Kürbisspalten leicht überlappend auf einer Servierplatte anrichten. Mit der Joghurt-Tahini-Sauce beträufeln und mit den Zwiebelspalten garnieren. Mit den Kichererbsen bestreuen und mit der Chilisauce beträufeln. Mit dem restlichen Koriander bestreuen und servieren.

QUDSIYEH: HUMMUS MIT FUL MEDAMES UND KICHERERBSEN

Dieses traditionelle Hummusgericht wird mit *ful medames* (gekochten Fava-Bohnen) und Kichererbsen zubereitet und ähnelt dem *Meshulash*-Hummus aus Jaffa (s. S. 120). Diese Variante ist nach dem arabischen Wort für »Jerusalem« benannt.
Rezept: Hind Tahboub

Für 4 Personen

Für das Hummus
500 g gekochte Kichererbsen für Hummus (s. S. 176/177), plus 80 ml Kochwasser
120 g Tahini
120 ml Zitronensaft
1 TL Salz

Für die Fava-Bohnen
1 EL Olivenöl
1 kleine Zwiebel, fein gehackt
1 kleine Tomate, fein gehackt
400 g Fava-Bohnen *(ful medames)* aus dem Orientladen
¼ Knoblauchzehe
1 EL Apfelessig
1 TL fein gehackte grüne Chilischote, z. B. Serrano
Salz und frisch gemahlener schwarzer Pfeffer

Dazu passt
100 g gekochte Kichererbsen für Salate und Eintöpfe (s. S. 176/177)
1 EL frische Petersilie, fein gehackt
1 EL frische Minze, fein gehackt
Salz
Olivenöl

1. Für das Hummus die Kichererbsen in der Küchenmaschine pürieren. Das Kochwasser hinzufügen und untermischen. Das Tahini, den Zitronensaft und das Salz hinzugeben und weitere 5 Minuten zu einem cremigen Brei rühren.
2. Für die Fava-Bohnen das Olivenöl in einer großen Pfanne bei mittlerer Temperatur erhitzen, die Zwiebel darin etwa 8 Minuten goldbraun anbraten, dabei hin und wieder rühren. Die Tomaten, die Fava-Bohnen, den Knoblauch, den Essig und die Chilischote unterrühren. Die Temperatur reduzieren und zugedeckt etwa 10 Minuten garen lassen. Vom Herd nehmen und mit der Gabel zerdrücken. Mit Salz und Pfeffer abschmecken.
3. Das Hummus auf einer Servierplatte verteilen, den Bohnenbrei darübergeben. Mit Kichererbsen, Petersilie, Minze und Salz bestreuen und mit Olivenöl beträufeln.

HAMIN SHPONDRA: RINDFLEISCH-KARTOFFEL-KICHERERBSEN-EINTOPF

Genau wie die Kichererbsen haben auch Rinderrippchen einiges zu bieten. Allerdings braucht man Geduld. Beide Zutaten entwickeln ihr volles Aroma erst beim langen, langsamen Kochen.

Für 6 Personen

300 g getrocknete Kichererbsen
300 g Weizenkörner
60 ml Olivenöl
900 g Rinderrippchen (Querrippe), in große Würfel geschnitten (bitten Sie den Metzger, das Fett zu entfernen)
2 große Zwiebeln, fein gewürfelt
1 große Karotte, fein gewürfelt
1 Selleriestange, gehackt
2 kleine Petersilienwurzeln, fein gewürfelt
1 kleine Sellerieknolle, in Scheiben geschnitten
1 EL Honig
1 EL edelsüßes Paprikapulver
1 TL gemahlener Kreuzkümmel
½ TL gemahlene Kurkuma
1 EL Salz
1 TL frisch gemahlener schwarzer Pfeffer
1 Knoblauchknolle, in Zehen geteilt und abgezogen
8 kleine Kartoffeln, geschält
1 l Brühe oder Wasser
6 große Eier, hart gekocht (optional)

1. Die Kichererbsen und die Weizenkörner in getrennte Schüsseln geben, so viel Wasser hinzufügen, dass sie mindestens 5 Zentimeter bedeckt sind, und 12 Stunden einweichen.
2. 2 EL Öl in einer großen Pfanne mit schwerem Boden bei mittlerer Temperatur erhitzen, das Fleisch hinzufügen und etwa 15 Minuten von allen Seiten gleichmäßig anbraten, hin und wieder wenden. Das Fleisch herausnehmen und beiseitestellen.
3. Die Zwiebeln, die Karotte, den Sellerie und die Petersilienwurzeln in die Pfanne geben, verrühren und 5 Minuten anbraten. Den Honig, das Paprikapulver, den Kreuzkümmel, die Kurkuma, das Salz und den Pfeffer hinzufügen. Das Fleisch wieder dazugeben und alles gut verrühren.
4. Die eingeweichten Kichererbsen und Weizenkörner abgießen und in die Pfanne geben.
5. Die Knoblauchzehen und die Kartoffeln gleichmäßig darauf verteilen. Die Brühe (oder das Wasser) darübergießen und aufkochen lassen. Wenn gewünscht, die gekochten Eier in Scheiben schneiden und darüberschichten. Die Temperatur bis zur niedrigsten Stufe reduzieren, zudecken und 6 Stunden garen, bis das Fleisch und die Kichererbsen sehr weich sind und die Flüssigkeit ganz aufgenommen ist. Alternativ auf einem elektrischen heißen Stein oder in dem auf 130 °C vorgeheizten Backofen garen.
6. Alle 2–3 Stunden prüfen, wie viel Flüssigkeit noch vorhanden ist, und gegebenenfalls Wasser hinzufügen, wenn das Fleisch trocken wirkt.

לוי אלי

פלאפל
BEST

Bei Merkaz Hafalafel Hateimani (The Yemenite Falafel Center) bekommt man die Falafel mit ein wenig scharfer *Zhug*-Sauce und eingerollt in ein traditionelles *Lahuh*-Fladenbrot.

חומוס
אתיופי
13.00 לק"ג
20 kg NET

Die Familie Akramawi betreibt ein Restaurant am Damaskustor. Ihre Hummus-Geheimnisse werden von Generation zu Generation weitergegeben.

الناصرة

DIE SCHWANGERE KICHERERBSE – VON DER FREUDE, KICHERERBSEN WACHSEN ZU SEHEN – WUNDERWASSER AQUAFABA – FALAFEL B'AJIN: VEGETARISCHER LAHMAJUN

Nazareth

FRISCHE ZA'ATAR-FALAFEL – GALILÄISCHES HUMMUS – GEHACKTER GEMÜSESALAT – TAHINI-SAUCE – BAQDONSIYA: GRÜNES TAHINI

נצרת

»In jedem Falafelbällchen liegt ein Geheimnis«, sagt Hazan. Nach vielen Jahren nahm er seinen Abschied als Busfahrer und eröffnete einen Falafelimbiss, wo er Gerichte nach den alten Rezepten seiner Großmutter serviert.

Der Siegeszug von Hummus ist seit 2000 Jahren ungebrochen. Auch im Restaurant Al-Sheikh wird alles auf die traditionelle Art von Hand zubereitet.

حب العافيه
حب العافية
كركم
كوسا معقم للزراعة
خيار معقم للزراعة
قرنفل
قرفه مطحونه
קינמון טחון
Cinamon
כמון
كمون
كاري
Ginger
جوز الطيب
nutmeg
English peper
Black peper
هيل
Cardamon

Assad Zaher fing klein an und entwickelte eine spezielle Methode, um Tahini und Halva herzustellen. Heute leitet seine Tochter Julia Zaher die »Al-Arz-Tahini-Fabrik«.

DIE SCHWANGERE KICHERERBSE

Frische Kichererbsen in der Hülse haben
eine kurze fruchtbare Saison

Im Frühling werden aus den Blüten der Kichererbsenpflanze kleine aufgeblähte Hülsen. Manchmal entwickelt sich darin ein einziger Samen, manchmal sind es zwei. Die grünen Samen sehen genauso aus wie die getrockneten gelben Kichererbsen, schmecken aber frischer. Es gibt sie nur von Mitte Mai bis Juni, um die Feiertage Schawuot und Pfingsten herum, und die Nachfrage nach ihnen scheint jedes Jahr geringer zu werden.

In den Gassen der Jerusalemer Altstadt werden die auf offenem Feuer gerösteten Kichererbsenhülsen *(hawasi)* in Papiertüten verkauft. So zubereitet schmecken sie vermutlich am besten. Früher wurden sie auf dem Jerusalemer Mahaneh-Yehuda-Markt verkauft, wo man sie als *hamla malana* kannte, was »hochschwanger« bedeutet und sich auf die aufgeblähte Form der Hülsen bezieht.

Geröstet sind grüne Kichererbsen eine leckere Zwischenmahlzeit mit einem intensiven überraschenden Geschmack.

VON DER FREUDE, KICHERERBSEN WACHSEN ZU SEHEN

Nof Atamna-Ismaeel

In Großmutter Wajeehas Küche standen die Teller dicht an dicht. Auf jedem Teller lag in Wasser eingeweichte Baumwolle und darauf wiederum lagen Hunderte von goldgelben Kichererbsen. Jeden Tag schauten wir neugierig nach und wurden Zeuge, wie das Leben in ihnen erwachte: Kleine grüne Triebe mit winzigen hellgrünen Blättchen begannen zu sprießen. Nun war es an der Zeit, sie zum Feld in der Nähe des Hauses zu bringen und in den Boden zu setzen. Großmutter zog mit der Harke eine kleine Rille, in die ich die Samen steckte, alle zwei Schritte einen, so lange, bis alle Teller leer waren. Wir wässerten das Feld alle zwei Tage und warteten geduldig. Großmutter versprach: »Mit jedem Tag, der vergeht, wächst nicht nur die Pflanze, auch der Geschmack der Früchte nimmt zu.« Wir mussten lange warten, aber wir wussten, es würde sich lohnen, irgendwann würden wir diese wunderbaren Hülsenfrüchte ernten. Schon bald konnten wir beobachten, wie die Pflanzen wuchsen, blühten und Fruchtstände mit Samen ansetzten, die immer größer wurden, bis sie die Hülsen ausfüllten. Endlich kam der Tag, auf den wir alle gewartet hatten.

Die Samenhülsen waren jetzt nicht mehr so leuchtend grün wie in der Zeit, als sie noch mit Luft gefüllt gewesen waren. Nun waren sie prall voll Samen. Großmutter war die Einzige, die die Pflanzen aus der Erde ziehen durfte, und das tat sie mit großer Umsicht und Sorgfalt. Manchmal war bei einer Pflanze erst eine einzige Samenhülse gefüllt, während die anderen noch leer waren. Diese Pflanzen sollten noch weiter wachsen. Großmutter prüfte mit Bedacht und zog nur die vollkommen reifen Pflanzen aus der Erde, die sie auf einer Matte am Hauseingang ausbreitete. Wir Kinder saßen andächtig darum herum und unsere Aufgabe war es nun, die Kichererbsen zu pulen und sie auf ein rundes Tablett (arabisch *siniya*) zu legen. Dabei stopften wir uns bereits mit köstlichen grünen Kichererbsen voll und leckten uns die Finger ab, die von den Blättern leicht säuerlich schmeckten.

Großmutter kam mit einem langen Metalldraht, nahm ein Bündel Kichererbsenpflanzen und band sie an den Wurzeln zusammen. Dann nahm sie mich bei der Hand und ging mit mir ans Ende des Hofes, in die Nähe der Hecke aus Kaktuspflanzen, die uns von den Nachbarn trennte. Sie sammelte vertrocknete Äste auf und schichtete sie zu einem Haufen, tränkte eine alte Zeitung mit Benzin und legte sie darunter. Dann zog sie eine Schachtel Streichhölzer aus der Tasche und entzündete ein Feuer. Ich sah zu, wie die Flammen aufloderten und wieder zusammensanken, bis zum Schluss nur noch ein Teppich aus rot glühenden Zweigen übrig blieb. Großmutter nahm das Ende des Drahtes und warf das grüne Bündel mit Kichererbsenpflanzen in die glimmende Asche. Alle paar Minuten drehte sie es, bis die meisten Blätter verbrannt und die Samenhülsen leicht angesengt waren. Dann zog sie das Pflanzenbündel mit sicherer Hand aus der Asche und legte es auf den Betonboden hinter dem Haus. Wir setzten uns gemeinsam hin, lösten die warmen Samenhülsen von der Pflanze und legten sie in eine Schüssel. Immer wieder gönnten wir uns auch ein Päuschen zum Naschen. Großmutter sagte immer, dass die grünen Kichererbsen am besten schmecken, wenn sie warm sind. Die weichen Hülsenfrüchte schmolzen mir regelrecht im Mund, meine kleinen Hände waren mit Holzasche verschmiert. Das lange Warten hatte sich gelohnt, und ich werde mich mein Leben lang daran erinnern, wie wir in der Küche standen und auf das Keimen der Kichererbsen warteten.

Mit den Jahren wurde die Kaktushecke durch eine Betonmauer ersetzt und das Feld, wo wir die Kichererbsen gepflanzt hatten, wurde zu einem Parkplatz vor dem Haus meines Onkels. Ich wuchs heran, heiratete und bekam Kinder, die leider nicht das Wunder erleben konnten, die Kichererbsen auf dem Feld wachsen zu sehen. Ich glaube, dass es gerade diese Erlebnisse sind, die unsere Persönlichkeit prägen, und nicht die Videospiele oder die Playstation. Deshalb wollte ich etwas tun. Ich wandelte ein Stück meines Hofes in einen Garten um und pflanzte Gemüse. Nun konnten meine Kinder mit eigenen Augen sehen, woher das, was auf ihrem Teller lag, stammte, wie es wuchs und reifte. Auf diese Tradition hatten schon meine verstorbene Großmutter und mein Vater Wert gelegt. Auf diese Weise fühle ich mich ihnen verbunden, durch die Ackerfurchen und die Pflanzen im Boden. Auch dieses Jahr haben wir wieder Kichererbsen gesät. Bei der Ernte waren die Kinder ausgesprochen kreativ: Sie gingen mit ihren Schüsseln bewaffnet hinaus, setzten sich auf den Boden und pulten die Kichererbsen direkt aus den Pflanzen, ohne sie vorher aus der Erde zu reißen. Sie meinten, die Pflanzen seien so schön, sie dürften ruhig weiterwachsen. Nach getaner Arbeit kehrten sie dann glücklich und mit strahlenden Augen ins Haus zurück und zählten, wer die meisten Kichererbsen gesammelt hatte.

Für mich sind Kichererbsen nicht einfach nur Hülsenfrüchte. An ihnen hängen die Geschichte eines wiedergeborenen Lebens, Erinnerungen, eine Verbindung zu meinen Vorfahren, die ich aufrechterhalten, Menschen, die ich auf diese Weise in mir am Leben erhalten kann. Für mich und meine Familie bedeutet diese Pflanze Vergangenheit und Gegenwart. Kichererbsen und Hummus haben eine Reise durch die Welt angetreten und sind in unterschiedlichen Esskulturen heimisch geworden. Es ist ein Weltbürger-Samen, der politische Konflikte verursacht hat und trotzdem weiterhin von allen geliebt wird. Und obwohl jeder das Hummus für sich reklamiert, hat es selbst das letzte Wort. Wir werden uns noch alle sehr wundern – denn in Wirklichkeit gehört das Hummus nicht uns. Wir gehören ihm.

...

Nof Atamna-Ismaeel ist eine Spitzenköchin und Gewinnerin der Fernsehshow *Israeli Master Chef*. Sie ist künstlerische Leiterin des »Levantine Food Festival A-Sham«, das jedes Jahr in Haifa stattfindet und Möglichkeiten verfolgt, durch Essen zum friedlichen Miteinander der Völker beizutragen.

WUNDERWASSER AQUAFABA

Das Kochwasser der Kichererbsen ist ein alchemistisches Wunder

Aquafaba, das dickflüssige Kochwasser der Kichererbsen, enthält Eiweiß, Pektin, Stärke, lösliche Ballaststoffe und komplexe Kohlenhydrate. Diese Flüssigkeit ist ein veganes Bindemittel, das beim Kochen und Backen Eiweiß ersetzen kann (zum Beispiel für Baisers, bei Glasuren oder sogar für Mayonnaise).

Wie das funktioniert? Schlagen Sie ½ Tasse zimmerwarmes Kochwasser mit dem Mixer bei mittlerer Stufe zu einem luftigen Schaum auf. Dann auf höchster Stufe weiterschlagen, dabei nach und nach 1 Tasse Zucker hinzufügen, so lange, bis die Konsistenz von Eischnee erreicht ist. Die Masse kann mit Zitronenzesten oder Vanille aromatisiert werden und zum Beispiel zum Backen von Baisers benutzt, unter eine Schokoladen- oder Fruchtmousse gerührt oder als Kuchenglasur verwendet werden.

Gießen Sie das Kichererbsenkochwasser durch ein Sieb in einen Topf oder eine Schüssel. Es kann auch zum Wässern und Düngen von Pflanzen verwendet werden.

FALAFEL B'AJIN: VEGETARISCHER LAHMAJUN

Dies ist die vegetarische Version des beliebten *lahmajun*. Anstelle von Rinder- oder Lammhack wird krümelige Falafelmasse auf dem Teig verteilt und dann im Ofen knusprig braun gebacken.

Für 10 Fladenbrote

420 g ungebleichtes Weizenmehl, gesiebt
1 EL Trockenhefe
2 EL Milchpulver
1 TL Salz
80 ml Olivenöl
140 g Falafel-Hakosem-Mischung (s. S. 184/185)
Olivenöl zum Beträufeln und Bestreichen

Dazu passt
Gehackter Gemüsesalat (s. S. 280)
Tahini-Sauce (s. S. 281)

1. Das Mehl, die Hefe, das Milchpulver, das Salz und das Öl im Mixer etwa 3 Minuten mit den Knethaken mischen, bis das Öl sich mit dem Mehl verbunden hat.
2. Nach und nach 240–300 ml warmes Wasser hinzugießen und den Teig etwa 7 Minuten verkneten. Wenn er zu trocken wirkt, noch etwas Wasser nachgießen. Mit einem Küchenhandtuch abdecken und 45 Minuten ruhen lassen.
3. Die Falafelmischung zubereiten.
4. Den Backofen auf 200 °C vorheizen und ein Backblech mit Backpapier auslegen.
5. Den Teig in zehn gleich große Bällchen teilen.
6. Jeden Teigball etwa 1 Zentimeter dick ausrollen und mit Olivenöl bestreichen. Jeweils 1 gehäuften EL Falafelmischung gleichmäßig darauf verteilen, mit allen Bällchen so verfahren. Auf das vorbereitete Backblech legen (etwa vier Brote pro Blech).
7. Mit Olivenöl beträufeln und etwa 15 Minuten goldbraun backen. Sofort mit Salat und Tahini servieren.

FRISCHE ZA'ATAR-FALAFEL

Charakteristisch für den Markt in Nazareth ist die überreiche Fülle der Gemüsestände. Besonders wenn es im Frühling reichlich frischen Ysop gibt, die wichtigste Zutat für die *Za'atar*-Gewürzmischung, die der Falafelfüllung das gewisse Etwas gibt, sollten Sie ihn ausprobieren. Wenn Sie keinen frischen Ysop finden, können Sie auch frischen Oregano verwenden.

Für 50 Bällchen

500 g getrocknete Kichererbsen
2 mittelgroße Zwiebeln, grob gehackt
6 Knoblauchzehen, abgezogen
4 Schalotten
1 Tasse Petersilienblätter
½ Tasse Ysopblätter
1 EL Salz
1 EL gemahlener Kreuzkümmel
1 EL getrockneter Koriander
1 TL Backpulver

1. Die Kichererbsen gründlich abbrausen, in eine große Schüssel geben und so viel Wasser hinzufügen, dass sie mindestens 5 Zentimeter bedeckt sind. Im Kühlschrank 12 Stunden einweichen lassen.
2. Die Kichererbsen abgießen und erneut gründlich abbrausen.
3. Dann mit den Zwiebeln, dem Knoblauch, den Schalotten, der Petersilie und den Ysopblättern in der Küchenmaschine zu einer krümeligen Masse pürieren.
4. In eine Schüssel geben und mit den restlichen Zutaten vermengen.
5. 5 Zentimeter Öl in einer tiefen Pfanne bei mittlerer Temperatur auf 180 °C erhitzen. Mit feuchten Händen, zwei Esslöffeln, einem Falafellöffel oder einem kleinen Eiscremeportionierer walnussgroße Bällchen formen und leicht flach drücken. Mit der restlichen Masse genauso verfahren.
6. Immer sechs Bällchen auf einmal etwa 3 Minuten goldbraun frittieren. In einem Küchensieb oder auf einem Küchenkrepp abtropfen lassen. Sofort servieren.

GALILÄISCHES HUMMUS

Im Unterschied zu anderen Rezepten müssen die gekochten Kichererbsen hier nicht kalt sein, bevor sie püriert werden. Und das Hummus wird warm serviert.

Für 1 kg Hummus

500 g gekochte Kichererbsen für Hummus (s. S. 176/177), plus 240 ml Kochwasser
300 ml Tahini, nach Belieben auch mehr
1 TL Salz
frisch gepresster Zitronensaft (optional)

Dazu passt
Olivenöl
Gemahlener Kreuzkümmel
Frisch gepresster Zitronensaft
Eingelegte Shipka-Chili oder andere Sorten

1. Die Kichererbsen mit 120 ml Kochwasser in der Küchenmaschine weich pürieren.
2. Das Tahini, das Salz und Zitronensaft dazugeben und pürieren.
3. Dabei nach und nach das restliche Kochwasser hinzufügen, bis eine cremige Masse entsteht. Abschmecken.
4. In eine Schüssel geben, mit Olivenöl beträufeln und mit Kreuzkümmel und Zitronensaft abschmecken. Mit Chilischoten servieren.

GEHACKTER GEMÜSESALAT

Das Geheimnis eines schmackhaften Gemüsesalats liegt in der Frische und Qualität seiner Zutaten. Schneiden und hacken Sie das Gemüse so fein und gleichmäßig wie möglich und servieren Sie es sofort. Wenn Sie das Gericht nicht in einer Pita, sondern als Beilage servieren wollen, verdoppeln Sie einfach die Menge an Zutaten.

Für 4 Personen, als Beilage zu Hummus oder Falafel

3 mittelgroße Tomaten, fein gehackt
3 kleine persische Gurken, fein gehackt
1 kleine rote Zwiebel, fein gehackt
1 Knoblauchzehe, zerdrückt
3–4 Scheiben grüne Chilischoten, z. B. Serrano, fein gehackt (optional)
1 TL frisch gepresster Zitronensaft oder ½ TL Sumach
1 EL glatte Petersilie, fein gehackt
1 TL Minze, fein gehackt
2 EL Olivenöl
1 Prise gemahlener Zimt
Salz nach Belieben

Tipp
Für einen cremigen Gemüsesalat 3–4 EL Tahini-Sauce (s. S. 281) daruntermischen. Die Gemüsesäfte und die Sesampaste sollten zu einem Dressing emulgieren. Gegebenenfalls 1 EL Wasser oder Zitronensaft hinzufügen und unterrühren.

1. Alle Zutaten in einer großen Schüssel mischen, mit Salz abschmecken und sofort servieren.

TAHINI-SAUCE

Wenn Sie Tahini-Sauce zubereiten, sollten Sie daran denken, dass alles umkehrbar ist. Die Sauce verbindet sich nicht richtig, ist zu dünn oder zu dick? Sie können mehr Tahini hinzufügen (wenn sie zu dünn ist), mehr Wasser (wenn sie zu dick ist), so lange und so viel, bis Sie mit der Konsistenz zufrieden sind.

Für 1 Tasse

¼ TL Salz
⅓ TL Zitronensäure oder 1 TL frisch gepresster Zitronensaft
120 g Tahini (am besten von Al-Arz)

1. 80 ml kaltes Wasser, das Salz und die Zitronensäure (oder den Zitronensaft) in eine kleine Schüssel geben und gründlich mischen.
2. Nach und nach unter ständigem Rühren das Tahini hinzufügen, bis die Masse cremig ist. Abschmecken.

BAQDONSIYA: GRÜNES TAHINI

Beim grünen Tahini werden zuerst die Kräuter mit dem Wasser zu einem dickflüssigen Brei püriert, bevor man die anderen Zutaten hinzufügt.

Für 4 Personen

⅔ Tasse frische Petersilie, nur die Blätter
6 Stängel frische Minze oder Estragon, nur die Blätter
120 g Tahini
2 Knoblauchzehen
2 EL frisch gepresster Zitronensaft
½ TL Salz

1. Die Kräuter und 80 ml Wasser zu einem grünen Saft pürieren.
2. Das Tahini, den Knoblauch und den Zitronensaft hinzufügen und das Ganze zu einer homogenen Creme rühren.
3. Mit dem Salz abschmecken und gegebenenfalls Salz oder Zitronensaft hinzufügen.

BLU DAY
مقهى وأراجيل أبو النور
050-7515133
مقهى وأراجيل أبو النور
050-7515133
SHAWARMA FALAFEL 99 שווארמה פלאפל

فلافل
العين

عكا

EINE ANTIKE EINKAUFSLISTE –
DIE HUMMUS-ERNTE – HUMMUS ALAKAWI –
FALAFEL ALAKAWI – HUMMUS EL ABED

Akko

MAKHLUTA: HUMMUS MIT FUL MEDAMES,
KICHERERBSEN UND OLIVENÖL – SAJ-PITA –
MNAZZALEH: AUBERGINEN-PAPRIKA-
KICHERERBSEN-EINTOPF

עכו

حمص سعيد
Coca-Cola

Arin Abu-Hmid Kurdi (rechts), ehemals Sozialarbeiterin und heute Bäuerin, hat ihren Traum verwirklicht und ihr Hummusrestaurant El Abed Abu Hmid in Akkos altem Leuchtturm eröffnet.

TESSA TESSA
TESSA TESSA

Cola

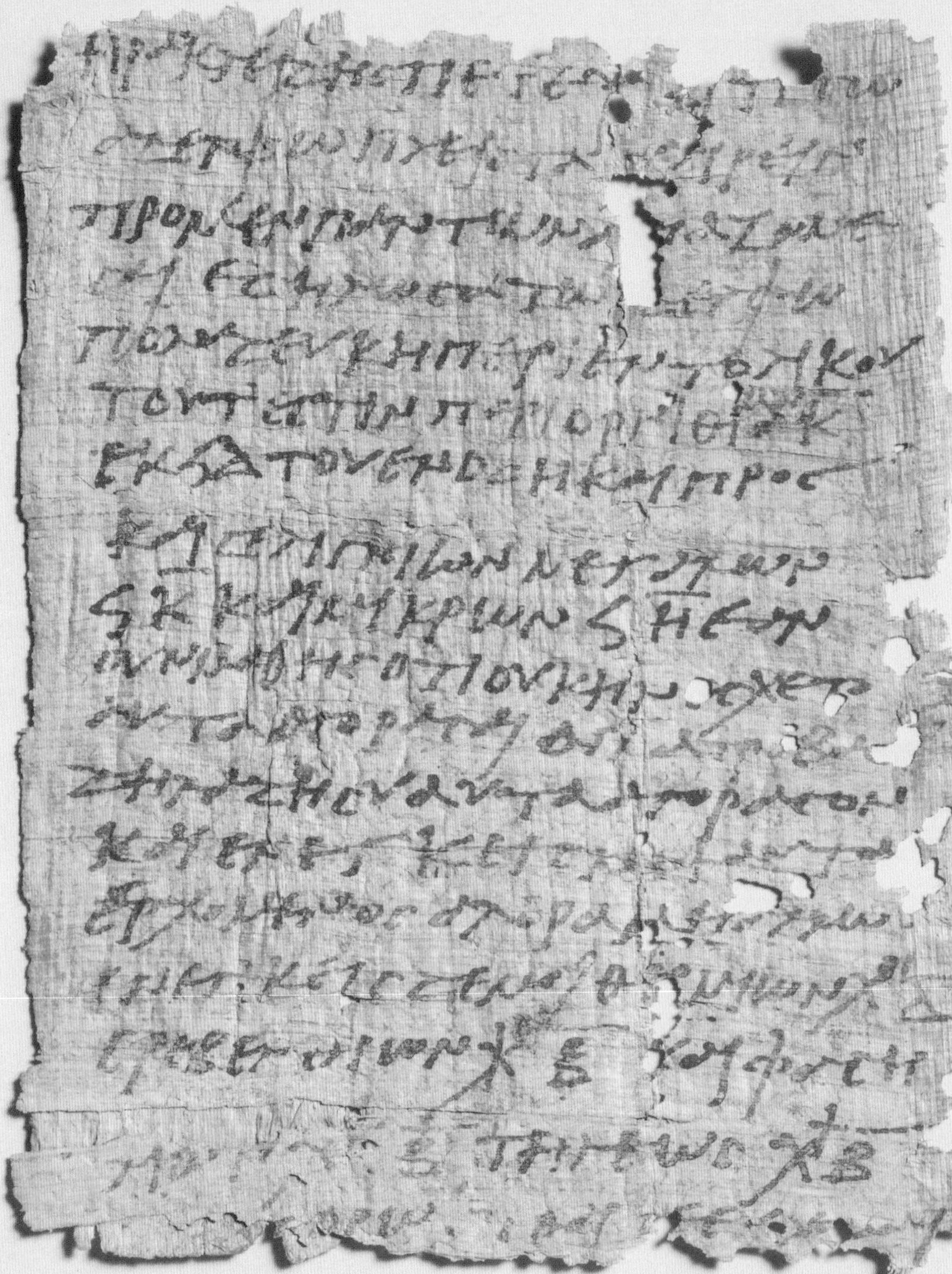

EINE ANTIKE EINKAUFSLISTE

Im Griechenland des 3. Jahrhunderts gehörten Kichererbsen in die Vorratskammer

Dieser Papyrus aus dem 3. Jahrhundert ist auf Altgriechisch verfasst und stammt von Herakleides, der an seinen Bruder Petechois schreibt. Es handelt sich im Grunde um eine Einkaufsliste, mit der er Petechois bittet, Geflügel, Brot, Lupinenkerne, Kichererbsen und Bockshornklee zu verschiedenen Preisen zu kaufen. Dokumente wie dieses liefern uns wichtige Informationen über die Lese- und Schreibfähigkeit während des Römischen Reichs und gestatten uns einen Blick in den Alltag der einfachen Leute. Und wir erfahren etwas über die Rolle der Kichererbsen in der damaligen Zeit.

Links:
Einkaufsliste auf Altgriechisch, Papyrus aus dem 3. Jahrhundert.

The Metropolitan Museum of Art/ Art Resource, New York

Folgende Doppelseite:
»Helenus' bittere Pfeile prallen an Menelaos ab, sie hüpfen wie Kichererbsen in der Getreideschwinge« – aus der *Ilias* von Homer.

Vasenmalerei auf einem Mischkrug aus Apulien, 3. Jahrhundert v. Chr.: Menelaos und Helena nach der Eroberung von Troja.

bpk Bildagentur/Antikensammlung, SMB/Ingrid Geske

Yosef Baballah bringt die besonderen Aromen seiner Kindheit in der multikulturellen Gesellschaft von Akko heute in seinem Restaurant Alakawi in Kafr Qara zur Geltung.

DIE HUMMUS-ERNTE

Kichererbsen gibt's nur einmal im Jahr

Die Kichererbsenernte findet in Israel im Juni statt, wenn die Schoten goldgelb sind. Mit anderen Worten, die Vorräte werden nur einmal im Jahr aufgefüllt. Der Zeitraum zwischen der Ernte und der endgültigen Verwertung der Kichererbsen hat großen Einfluss auf ihre Kocheigenschaften. Kichererbsen, die man im Juli oder August kauft, garen viel schneller als diejenigen, die ein Jahr in der Vorratskammer gestanden haben.

HUMMUS ALAKAWI

Vor einigen Jahren eröffnete Yosef Baballah, eine feste Größe in der kulinarischen Szene von Tel Aviv, das Restaurant Alakawi, wo er die Gerichte serviert, die er aus seiner Heimatstadt Akko kennt und schätzt. Eine seiner Spezialitäten ist Hummus Alakawi, dessen Zubereitung Yosef als Kind gelernt hat. Obwohl die Vorbereitungszeit bei diesem Rezept drei Tage beträgt, meint Yosef, dass man es zumindest einmal ausprobieren sollte.

Rezept: Yosef Baballah

Für 8 Personen

500 g getrocknete Kichererbsen, am besten kleine
500 g Tahini
2 TL Salz
1 TL Zitronensäure
Saft von 1 kleinen Zitrone
1–2 EL Olivenöl

Dazu passt

250 g gekochte Kichererbsen für Salate und Eintöpfe (s. S. 176/177), warm
Olivenöl
Frisch gepresster Zitronensaft
Gemahlener Kreuzkümmel
Petersilie, gehackt

Tipp

Ohne Treibmittel hält sich das Hummus nur 1–2 Tage im Kühlschrank.

1. Die Kichererbsen gründlich abbrausen. In eine große Schüssel geben, mit so viel Wasser übergießen, dass sie mindestens 5 Zentimeter bedeckt sind, und 12 Stunden im Kühlschrank einweichen. Das Wasser alle 4 Stunden austauschen.
2. Die Kichererbsen abgießen, in einen großen Topf geben und mit so viel Wasser übergießen, dass sie 20 Zentimeter bedeckt sind. Auf eine Kochplatte oder einen Kerosinkocher stellen und bei niedriger Temperatur 8 Stunden oder über Nacht garen.
3. Die Kichererbsen in ihrem Kochwasser auf Raumtemperatur abkühlen lassen. Danach für etwa 8–12 Stunden in den Kühlschrank stellen, je länger, je besser.
4. Die Kichererbsen mit dem Kochwasser (das jetzt gallertartig sein sollte) etwa 5 Minuten in der Küchenmaschine pürieren. Tahini, Salz, Zitronensäure und Zitronensaft hinzufügen und zu einer buttrigen Masse rühren. Dann das Olivenöl hinzufügen und weiter rühren, bis der Brei cremig ist.
5. Bis zum Servieren in einem luftdicht abschließenden Behälter in den Kühlschrank stellen.
6. Das Hummus auf einer flachen Schale verteilen, in der Mitte eine Kuhle formen und die warmen Kichererbsen hineingeben. Mit Öl und Zitronensaft beträufeln, mit Kreuzkümmel würzen und mit Petersilie bestreuen.

FALAFEL ALAKAWI

Jeder Falafelmacher nimmt für sich in Anspruch, ein besonderes Gewürz zu verwenden, das seiner Falafel den unvergleichlichen Geschmack gibt. Für Yosef Baballah ist es getrockneter Majoran, der ihr das erlesene frische Aroma verleiht.
Rezept: Yosef Baballah

Für 40 Bällchen

500 g getrocknete Kichererbsen
1 mittelgroße Zwiebel, grob gehackt
2 Knoblauchzehen, abgezogen
1 grüne Chilischote, z. B. Serrano, ohne Samen
½ Tasse frischer Koriander
½ Tasse frische Petersilie
1 EL gemahlener Koriander
1 EL gemahlener Kreuzkümmel
1 EL getrockneter Majoran
1 ¼ EL Salz
¼ TL Backpulver
¼ TL Natron

1. Die Kichererbsen gründlich abbrausen. In eine große Schüssel geben, mit so viel Wasser übergießen, dass sie mindestens 5 Zentimeter bedeckt sind, und im Kühlschrank 12 Stunden einweichen lassen. Das Wasser alle 4 Stunden wechseln.
2. Abgießen und gründlich abbrausen.
3. Die Kichererbsen mit der Zwiebel, dem Knoblauch, der Chilischote, dem Koriander und der Petersilie in der Küchenmaschine zu einer krümeligen Masse pürieren. Wenn nötig, Wasser hinzugießen.
4. In eine Schüssel geben und mit den restlichen Zutaten gründlich vermischen. Die Mischung sollte krümelig, aber feucht genug sein, damit sie die Form hält. Wenn sie zu trocken ist, 1 EL Wasser hinzugeben, um die gewünschte Konsistenz zu erhalten.
5. 5 Zentimeter Öl in einer tiefen Pfanne auf mittlerer Stufe auf 180 °C erhitzen. Mit feuchten Händen, zwei Esslöffeln, einem Falafellöffel oder einem kleinen Eiscremeportionierer die Mischung zu walnussgroßen Bällchen formen.
6. Immer fünf bis sechs Bällchen darin gleichzeitig etwa 3 Minuten rundum goldbraun frittieren. In einem Küchensieb oder auf einem Küchenkrepp abtropfen lassen.

HUMMUS EL ABED

Dieses einfache und beliebte Gericht erhält sein besonderes Aroma durch das wärmende Baharat-Gewürz, das im Restaurant El Abed Abu Hmid auf dem Gelände des alten Leuchtturms von Akko serviert wird. Die Besitzerin Arin Abu-Hmid Kurdi erinnert mit dem Namen des Restaurants an ihren verstorbenen Vater.
Rezept: Arin Abu-Hmid Kurdi

Für 4 Personen

3 EL *samneh* oder Ghee
500 g gekochte Kichererbsen für Salate und Eintöpfe (s. S. 176/177)
1 EL fertiges oder selbst gemachtes *baharat* (s. S. 376)
Salz nach Belieben

Dazu passt
Gehackter Gemüsesalat (s. S. 280)

1. Die Samneh-Butter in einem großen Topf bei mittlerer Temperatur schmelzen. Die Kichererbsen hinzugeben und mit *baharat* und Salz würzen. Unter ständigem Rühren etwa 5 Minuten garen, bis die Kichererbsen das Fett und die Gewürze aufgenommen haben.
2. Warm mit Gemüsesalat servieren.

MAKHLUTA: HUMMUS MIT *FUL MEDAMES*, KICHERERBSEN UND OLIVENÖL

Makhluta ist das arabische Wort für mit körnigem Sand gemischtem Mörtel, der zum Bauen verwendet wird. Es ist auch der Name für ein herzhaftes Gericht, das die Bauarbeiter morgens essen, um für den Tag gut gerüstet zu sein.

Für 4 Personen

4 Knoblauchzehen, zerdrückt
2 TL Salz
Saft von 2 Zitronen
750 g gekochte Kichererbsen für Salate und Eintöpfe (s. S. 176/177)
400 g Fava-Bohnen *(ful medames)* aus dem orientalischen Feinkostgeschäft
3 EL Olivenöl
½ mittelgroße Zwiebel, gehackt
½ Tasse Petersilienblätter, gehackt

Dazu passt
Saj-Pita (s. S. 318) oder Pita-Brote (s. S. 124)

1. Den Knoblauch und das Salz im Mörser zerstoßen und mit dem Zitronensaft zu einer Paste verarbeiten.
2. In eine Schüssel geben, 500 g Kichererbsen, die Fava-Bohnen und das Olivenöl hinzufügen und alles zu einer krümeligen Masse zerdrücken.
3. In eine Servierschüssel geben, die restlichen Kichererbsen darüberstreuen, mit Olivenöl beträufeln und mit der Zwiebel und der Petersilie garnieren. Mit Pita servieren.

SAJ-PITA

In der arabisch-levantinischen Küche wird das Pita-Brot traditionell auf einem *Saj* gebacken, einer nach oben gewölbten Grillpfanne, die dem *Taboon*-Ofen, den man meist nicht zu Hause hat, am nächsten kommt. Auch ein Wok kann zu einem improvisierten *Saj* werden: den Wok umdrehen, auf den Herd stellen, auf maximale Stufe erhitzen, den dünn ausgerollten Teig vorsichtig darauflegen und beobachten, wie sich die Magie entfaltet.

Für 8 Pitas

500 g ungebleichtes Weizenmehl
1 EL Trockenhefe
1 EL Zucker
2 TL Salz
60 ml Pflanzenöl (z. B. Olivenöl), plus Öl zum Bestreichen

Anmerkung
Wenn Sie den umgedrehten Wok über offenem Feuer zum Pitabacken benutzt haben, sollten Sie nicht mehr darin kochen.

1. Das Mehl, die Hefe und den Zucker in der Küchenmaschine mit den Knethaken mischen, nach und nach 320 ml Wasser hinzugießen und auf mittlerer Stufe etwa 2 Minuten zu einem feuchten Teig kneten.
2. Das Salz und das Öl hinzufügen und weitere 5 Minuten kneten, bis der Teig weich ist.
3. Den Teig mit Öl bestreichen, in eine große saubere Plastiktüte geben, verschließen und mit einem Küchenhandtuch abdecken. Den Teig etwa 1 Stunde gehen lassen, bis sich sein Volumen verdoppelt hat.
4. In acht gleich große Portionen teilen und zu Kugeln rollen. Mit einem Küchenhandtuch abdecken und weitere 15 Minuten ruhen lassen.
5. Eine Wokpfanne umgedreht auf der Herdplatte auf höchster Stufe erhitzen.
6. Einen Teigball mit dem Nudelholz auf einer bemehlten Arbeitsfläche kreisförmig ausrollen (28–30 Zentimeter Durchmesser). Vorsichtig auf den Wok legen und backen, bis der Teig Blasen wirft. Umdrehen und einige Sekunden auf der anderen Seite backen. Die Pita anschließend auf ein Schneidbrett legen und mit einem Küchenhandtuch abdecken, damit sie warm bleibt. Mit den restlichen Teigkugeln genauso verfahren und die Brote aufeinanderstapeln.

MNAZZALEH: AUBERGINEN-PAPRIKA-KICHERERBSEN-EINTOPF

Die aromatischsten und frischsten Auberginen haben eine weiche, pralle und glänzende Haut und sind relativ leicht für ihre Größe. Nehmen Sie einfach einige in die Hand und vergleichen Sie!

Für 6 Personen

2 große Auberginen
2 große rote Paprikaschoten
500 g gekochte Kichererbsen für Salate und Eintöpfe (s. S. 176/177)
2 Knoblauchzehen, zerdrückt
1 kleine rote Zwiebel, gehackt
2 EL frische Petersilie, gehackt
2 EL Apfel- oder Zitrusessig
4 EL Mais- oder Sonnenblumenöl
1 Prise gemahlener Kreuzkümmel
1 Prise scharfes Paprikapulver
Salz und frisch gemahlener weißer Pfeffer nach Belieben

1. Die Auberginen und die Paprikaschoten auf den Holzkohlengrill oder einen Grillrost auf den Herd legen. Auf dem Grill etwa 4–5 Minuten, auf dem Herd 7–8 Minuten grillen, bis die Haut angesengt ist und sich vom Fleisch löst. Hin und wieder wenden. Die Paprika in einer Plastiktüte 1 Stunde ruhen lassen, damit sie durch den Dampf noch weicher werden.
2. Die Auberginen auf einem Schneidbrett halbieren, mit einem Löffel das Fleisch herauslösen und in ein Sieb legen, etwa 30 Minuten abtropfen lassen.
3. Die Paprikaschoten schälen (falls Hautreste haften bleiben, geben sie dem Gemüse ein geräuchertes Aroma, also keine Sorge), die Samen entfernen und das Fruchtfleisch in schmale Streifen reißen.
4. Die Auberginen und die Paprikaschoten in eine Schüssel geben, die Kichererbsen, den Knoblauch, die Zwiebel und die Petersilie hinzufügen.
   Mit Essig, Öl, Kreuzkümmel, Paprika, Salz und Pfeffer würzen und alles gründlich vermischen.
   Abschmecken.

Am Rand von Akkos Altstadt liegt das Falafel-Arafe, das seit drei Generationen von der Familie Arafe geführt wird. Hier werden seit 1959 knusprige heiße Falafeln serviert.

Saïd hat die Hummus-Kultur in Akko verändert, vom schnellen Imbiss zu einem genussvollen Abendessen mit frisch gepresstem Olivenöl und ofenfrischem Pita-Brot.

»Ich bin mit dem Hummus verheiratet«, sagt Suheila vor ihrem Restaurant Abu Sohil, das sie seit 1993 betreibt.

אסור
לעשן

מנה בצלחת
חומוס 17₪
פול 17₪
משוואשה 17₪
שתיה קלה 6₪
האוכל הכי בעולם
ואחרי שטעמתי מכולם
גם טאפאס במדריד
האוכל הכי בעולם
הוא החומוס של סעיד

بيروت

HUMMUS OHNE GRENZEN – KICHERERBSEN KÖNNEN DIE WELT VERÄNDERN – HUMMUS MIT SEPIATINTE UND BOTTARGA – *FATTET* HUMMUS: KNUSPRIGE PITA MIT KICHERERBSEN, JOGHURT UND TAHINI – BOHNEN FÜR HÖCHSTE ANSPRÜCHE

Beirut

FATAYER: KICHERERBSEN-MANGOLD-PIES – MAGHMOUR: VEGETARISCHE MOUSSAKA – SHULBATA: BULGUR-PILAW MIT KICHERERBSEN – BALILA: KNOBLAUCH-KREUZKÜMMEL-KICHERERBSEN – HUMMUS BEIRUTI

ביירות

THE SURFERS
PARADISE

في دوحة عرمون
خمس غرف - موقف سيارة - بئر ماء
تلفون : ٧١٣١٤٨٤٢
FOYER FOR GIRLS
71 / 067066
SABINE
Mar Elias Street Festival
Sunday June 14th 8:00pm
لونها
#LAWENHA
MAR ELIAS STREET FESTIVAL
JUNE 14
life is colorful
baby trend

BARBAR
BARBAR

مدرسة
القديس فرنسيس
الرهبنة الكبوشية
COSTA
COSTA COFFEE

Für *Laffa*-Brot, auch als drusische Pita bekannt, wird der Teig durch die Luft gewirbelt, auf ein rundes Kissen geklopft und dann in einer nach oben gewölbten Grillpfanne *(Saj)* über dem offenen Feuer gebacken.

HUMMUS OHNE GRENZEN

Karim Haidar

Ich kann nicht gerade sagen, ich wäre als Kind in Beirut mit Hummus ernährt worden. Obwohl ich mich sehr gern in der Küche herumtrieb, habe ich keinerlei Erinnerungen an eingeweichte Kichererbsen. Ich habe mein Gedächtnis intensiv durchforstet – aber weder Stößel noch Mörser, keine Küchenmaschine, die cremiges *hummus bi tahina* hergestellt hätte, auch keine Verkaufsstände an der Straßenecke, die Hummus oder Falafel verkauften, kein *fattet* zum Frühstück – nichts von alledem!

Ich glaube nicht, dass ich als Kind überhaupt eine Verbindung zwischen den kleinen getrockneten Bohnen und dem Püree hergestellt habe, das wir mit Brot aufgeschaufelt haben und zu gegrilltem Fleisch aßen. Vielleicht haben wir das Hummus schon fertig gekauft? Da muss ich meine Mutter fragen … Wenn die Kichererbse Teil meines Lebens in Beirut war, dann eher nebenbei, nachhaltig geprägt hat sie mich auf keinen Fall, sie kam nur durchs Hintertürchen.

Zum Beispiel in Form von *damé*, das sind geröstete und gesalzene Kichererbsen, ein Teil der berühmten Nuss-Trockenfrüchte-Mischung, die im Libanon zum Aperitif gereicht wird. Dann gab es die *mlabas*, gleichfalls geröstete Kichererbsen, aber im Zuckermantel – ein Traum meiner Kindheit in Weiß, Rosa oder Blau. Ihnen bin ich treu geblieben und habe sie viele Jahre später in einem meiner Restaurants zum Kaffee serviert. Und schließlich gab es noch die *em laybene*, die wir bei den Straßenhändlern kauften, wenn wir an der Küste entlangspazierten. Das waren junge grüne Kichererbsen, die noch am Stängel hingen.

Weil in Libanon Krieg herrschte, landete ich schließlich mit meinem Bruder in Paris.

Ich hatte große Sehnsucht nach *kibbeh*, frittierter roter Meeräsche, gegrilltem Fleisch, Wachtel in Granatapfelsirup, *kichik*, *awarma*, Knoblauchcreme, *sfiha*, *ashta*, *arisheh* … Aber an Hummus habe ich nicht ein einziges Mal gedacht. Natürlich war ich damals auch in libanesischen Restaurants, meistens mit europäischen Freunden. Dass dort zu jedem Gericht Hummus serviert wurde, habe ich nur am Rande wahrgenommen.

Dabei war meine Leidenschaft für Essen und Kochen schon immer grenzenlos und stand im Mittelpunkt meines Lebens. Ich war begeistert von der Vielseitigkeit und Qualität und immer auf der Suche nach Neuem. In Frankreich versuchte ich anfangs sogar, nur Gerichte zu essen, die ich noch nicht kannte.

Ich erinnere mich noch an den glücklichen Tag, als ich mit meinen Eltern in die Bretagne gefahren bin, da war ich 15. Wir aßen in Cancale zu Mittag, wo der junge und damals unbekannte Roellinger in der Küche stand. Bei jedem Bissen schloss ich die Augen, damit ich die unglaublichen Aromen besser genießen konnte. Ins Gästebuch schrieb ich den einfachen Satz: »Das war der schönste Tag meines Lebens.«

Roellinger, der Kochkünstler, inspirierte mich, Zutaten und Gewürze aus meiner Heimat zu verwenden und sie mit französischen Spezialitäten zu kombinieren: Pistazien und Sumach mit Foie gras und Austern, später Wildkaninchen und Wachtel. Nach zehn Jahren Jurastudium und Arbeit als Anwalt folgte ich meiner Berufung und eröffnete ein libanesisches Restaurant in der Rue Dauphine 29 in Paris. Das erste Ausrufezeichen setzte ich, indem ich weder Tabbouleh noch Hummus auf der Karte hatte. Es gab nur frische Produkte, einfach und kreativ verarbeitet. Aber irgendwo im hintersten Winkel meines Gedächtnisses wartete das Hummus auf den richtigen Moment …

Eines Tages wollte ich meine Gäste mit *kafta* überraschen. Weil ich keine Mezze und auch kein gegrilltes Fleisch auf der Karte hatte, überlegte ich, welche Beilage ich dazu anbieten könnte. Dabei kam mir in den Sinn, wie ich als Kind in Beirut das *kafta* in Fladenbrot gewickelt, in Hummus gedippt und verschlungen hatte. Hin und wieder auch mit einer Scheibe gegrillter Tomate mit Sumach das perfekte Häppchen.

So fing ich an, Hummus zuzubereiten. Und gerade diese Kombination von *kafta*, Hummus und gegrillten Kirschtomaten mit Sumach wurde zu meinem Markenzeichen. 14 Jahre nachdem ich Beirut verlassen hatte, war Hummus wieder in mein Leben getreten.

Seitdem sind viele Jahre vergangen und ich habe viele Restaurants eröffnet und abwechslungsreiche Projekte gestartet. Der seiner Wurzeln beraubte Auswanderer aus Beirut hat seine Freiheit genutzt und voller Freude mit Kichererbsen, Tahini und Zitrone herumexperimentiert. Schon ein Hauch Orangenblütenwasser gab den Gerichten eine vollkommen andere Geschmacksnote. Ich kombinierte Kichererbsenpüree mit Olivenöl und Kreuzkümmel, mit Koriander und grünen Chili, mit Mandarine und Kardamom, mit *labneh* und Minze … Ich habe sogar ein Rezept für Hummuseis entwickelt!

Das Hummus inspirierte mich auch, mich einmal näher mit der Kichererbse selbst zu beschäftigen. Allmählich verstand ich den geschmacklichen Reichtum dieser Bohne und ihre vielfältigen Möglichkeiten besser. Ich nahm an einem Projekt teil, wo wir einfache Rezepte rund um die Kichererbse entwickelten: Hummus, *fattet*, Falafel, Kichererbsen-Salat und zum Dessert Kichererbsen in Milch, wie ein Reispudding. Ich kreierte auch neue Falafelrezepte, zum Beispiel mit Garnelen und Dill oder mit Kumquats und Zimt.

Aber ich schaute noch weiter über den Tellerrand und entdeckte *Socca de Nice* und Alain Ducasses Kichererbsen-Pommes. Und ich experimentierte weiter auf Kichererbsen-Basis herum, inspiriert vom Nahen Osten. Im Ursprung ist die Kichererbse weder süß noch salzig, sie wird fast überall auf der Welt angebaut und geerntet. Traditionelle levantinische Rezepte wurden durch die Begegnung mit anderen Kulturen inspiriert und bereichert. Mir gefällt die Vorstellung, dass die Kichererbse selbstständig geworden ist, wie ein Baby, dessen Nabelschnur durchtrennt wurde. Wer die Kichererbse wirklich liebt, sollte nicht versuchen, sie streng in ihrem Bereich einzugrenzen, er sollte ihr die Freiheit schenken, damit sie immer wieder und ohne Grenzen neu erschaffen und neu erfunden werden kann.

…

Karim Haidar stammt aus dem Libanon und ist Chefkoch und Mitbesitzer des Restaurants Askini in Paris. Er hat die Académie de cuisine du monde arabe gegründet, über die die arabische Küche weltweit Verbreitung findet.

KICHERERBSEN KÖNNEN DIE WELT VERÄNDERN

Sie reichern den Boden mit lebensspendenden Nährstoffen an

Die Kichererbse leistet nicht nur einen wichtigen Beitrag zu unserer Ernährung, sie trägt auch zur Bodenverbesserung bei. Die Wurzeln von Hülsenfrüchten (Pflanzen, die ihre Samen in Hülsen tragen) sind Heimat von Bakterien, die den Stickstoff aus der Atmosphäre aufnehmen und ihn als Nährstoff im Boden speichern, sodass andere Pflanzen ihn für ihr Wachstum gebrauchen können. Auch die Vielfalt der Aminosäuren in der Kichererbsenpflanze trägt zur erfolgreichen Fruchtfolge und Bodenkultivierung bei.

Kichererbsen gelten deshalb als entscheidend für die globale Nahrungssicherheit und bilden in Entwicklungsländern sowohl eine wichtige Einnahmequelle als auch eine grundlegende Ernährungsgrundlage. In Afrika und anderswo auf der Welt hat sich die altbewährte Praxis des wechselnden Anbaus unterschiedlicher Feldfrüchte bis heute erhalten. Durch den Anbau von Kichererbsen wird die Fruchtbarkeit des Bodens nachhaltig erneuert und erhalten, sodass man auf künstliche Düngemittel verzichten kann.

HUMMUS MIT SEPIATINTE UND BOTTARGA

Dieses Rezept ist eine überraschende neue Variante der altbekannten Mischung aus Kichererbsen, Tahini und Zitrone. Sepiatinte vom Tintenfisch und Bottarga verwirren die Geschmacksknospen aufs Beste. *Rezept:* Karim Haidar

Für 4 Personen (als Vorspeise)

200 g kleine Kichererbsen
1 TL Natron
2 EL Tahini
1 TL frisch gepresster Zitronensaft
Salz nach Belieben
1 TL Sepiatinte vom Tintenfisch

Dazu passt
Schnittlauch, gehackt
60–70 g Bottarga, gerieben
½ Knoblauchzehe, in sehr feine Scheiben geschnitten
Olivenöl

1. Die Kichererbsen in eine große Schüssel geben, so viel Wasser darübergießen, dass sie mindestens 5 Zentimeter bedeckt sind, und ½ TL Natron hinzugeben. Über Nacht einweichen.
2. Die Kichererbsen abgießen und gründlich abbrausen.
3. Die Kichererbsen in einen großen, tiefen Topf geben, das restliche Natron hinzufügen und so viel Wasser darübergießen, dass sie mindestens 5 Zentimeter bedeckt sind. Köcheln lassen. Den Deckel zur Hälfte auf den Topf legen und die Kichererbsen etwa 1 Stunde garen. Sie sollten noch ihre Form behalten. Abgießen und das Kochwasser aufbewahren.
4. Die Kichererbsen in der Küchenmaschine etwa 3 Minuten pürieren. Das Tahini, den Zitronensaft und das Salz hinzufügen und weitere 3 Minuten pürieren. Wenn der Brei zu dick ist, 1–2 EL Kochwasser hinzufügen, bis die gewünschte Konsistenz erreicht ist. Die Sepiatinte dazugeben und zu einer weichen schwarzen Paste rühren.
5. Das Hummus auf einer flachen Schüssel verteilen, mit dem Schnittlauch, dem Bottarga und dem Knoblauch bestreuen. Mit Olivenöl beträufeln und servieren.

FATTET HUMMUS: KNUSPRIGE PITA MIT KICHERERBSEN, JOGHURT UND TAHINI

Fa-ta ist Arabisch für »Brotkrümel«. Hier bezieht es sich auf die Pita-Chips in einem Gericht, das man im weitesten Sinne als arabischen Brotpudding bezeichnen könnte. Es vereint beliebte Zutaten wie Pita, Kichererbsen, Tahini und Joghurt zu einem harmonischen Ganzen. *Fattet* eignet sich zum Frühstück oder zum Brunch.

Für 4–6 Personen

24, etwa 5 Zentimeter breite Streifen Saj-Pita (s. S. 318) oder Pita-Brote (s. S. 124)
3 EL Olivenöl
⅔ TL gemahlener Kreuzkümmel
1 TL Paprikapulver
Salz und frisch gemahlener Pfeffer nach Belieben
30 g Butter
3 EL Mandelsplitter
2 EL Pinienkerne
750 g gekochte Kichererbsen für Salate und Eintöpfe (s. S. 176/177), plus 1 Tasse Kochwasser
750 g vollfetter Naturjoghurt
2 EL Tahini
2 Knoblauchzehen, zerdrückt
Saft von ½ Zitrone
Minzblätter, gehackt

Tipp
Wenn es deftiger sein soll, die Mischung in einer Auflaufform im auf 200 °C vorgeheizten Backofen etwa 15 Minuten backen.

1. Für die Pita-Chips den Backofen auf 190 °C vorheizen und ein Backblech mit Backpapier auslegen.
2. Die Pita-Streifen gleichmäßig darauf verteilen, mit Olivenöl beträufeln, mit Kreuzkümmel, Paprika, Salz und Pfeffer würzen und sanft rütteln, damit sich die Gewürze verteilen. Etwa 12 Minuten goldbraun im Ofen backen, auf Raumtemperatur abkühlen lassen.
3. Die Butter in einem kleinen Topf bei mittlerer Temperatur schmelzen, die Mandeln und die Pinienkerne hinzufügen und etwa 3 Minuten goldbraun anrösten. Abkühlen lassen.
4. Die Kichererbsen und das Kochwasser in einen Topf geben und zum Köcheln bringen.
5. Der Joghurt, das Tahini, den Knoblauch und den Zitronensaft in einer Servierschüssel gut vermischen. Nach Belieben Salz hinzufügen. Die Kichererbsen mit dem Kochwasser und die Pita-Chips unter die Joghurtmischung rühren und abschmecken.
6. Mit der Minze, den Mandeln und den Pinienkernen bestreuen und servieren.

Cicera ẞüser Erwißzen·

Cicera Comple albu cal' i p° humidu i medio ꝯpm Rubeu calidu i r°· med
it siccu et humidu· Ele nouu ꝯpletu Juua̅ti· puocat vrina et mestrua Apit oppila
auget coytu̅ Nocu̅ti· facit ventositatem et nocet apati renu̅ et uesice

BOHNEN FÜR HÖCHSTE ANSPRÜCHE

Kichererbsen ernähren Adelige und Bürgerliche

In Europa wetteiferten die Schlösser früher mit prachtvollen Gärten, streng nach der *Capitulare de Villis* von Karl dem Großen, einer Vorschrift über die Verwaltung der Krongüter. Darin sind präzise Anweisungen für die Bepflanzung aufgelistet. Die Kichererbse wird dort als wichtige Pflanze sowohl für den Küchen- als auch für den Kräutergarten erwähnt, nahrhaft und heilsam zugleich.

Viele Jahrhunderte später beschrieb der italienische Philosoph und Schriftsteller Umberto Eco die Kichererbse als eine der wichtigsten Pflanzen des vergangenen Jahrtausends. In seinem Essay »Wie Bohnen die Zivilisation retteten« erklärt Eco, dass der Anbau von Hülsenfrüchten wie Kichererbsen, Linsen und Fava-Bohnen das Gesicht Europas radikal verändert hat. Sie haben in Krisenzeiten nicht nur eine solide Basis für die Versorgung mit Nahrungsmitteln geschaffen, sondern auch zur Stärkung der Gemeinschaft beigetragen, wenn sich die Menschen am Dorfbackofen trafen, um ihre Eintöpfe zu kochen.

Links:
Kichererbsenernte.

Tacuinum Sanitatis (etwa 1445–1451), die lateinische Fassung der arabischen, Ibn Butlān zugeschriebenen Abhandlung *Taqwīm as-Sihhah* (Die Erhaltung der Gesundheit) aus dem 11. Jahrhundert.

BnF, Dist. RMN-Grand Palais/
Art Resource, New York

FATAYER: KICHERERBSEN-MANGOLD-PIES

Der ganze Markt in Beirut duftet nach dieser salzigen Köstlichkeit, die es mit einer Vielzahl von verschiedenen Füllungen gibt. *Fatayer* werden typischerweise im Holzofen, dem *taboon*, gebacken, aber man kann sie auch zu Hause im Backofen bei höchster Stufe auf einem Pizzastein backen wie eine Calzone.

Für 14 Pies

Für den Teig
500 g Weizenmehl, gesiebt
5 g Trockenhefe
1 TL Zucker
2 TL Salz
2 EL Olivenöl

Für die Füllung
60 ml Olivenöl
1 große Zwiebel, gehackt
½ rote oder grüne Chilischote, z. B. Serrano, gehackt
8 Mangoldblätter, ohne Stiel, gehackt
250 g gekochte Kichererbsen für Salate und Eintöpfe (s. S. 176/177)
200 g Fetakäse, zerkrümelt
Salz und frisch gemahlener schwarzer Pfeffer

Olivenöl zum Bestreichen

1. Für den Teig das Mehl, die Hefe, den Zucker und 320 ml Wasser 1–2 Minuten in der Küchenmaschine mit den Knethaken auf mittlerer Temperatur kneten. Das Salz hinzufügen. Wenn der Teig sich zu verbinden beginnt, das Öl dazugießen und auf mittlerer Stufe weitere 3–4 Minuten zu einem weichen, elastischen Teig kneten. Abdecken und 1½ Stunden ruhen lassen, bis sich das Volumen verdoppelt hat.
2. Für die Füllung das Öl in einer flachen breiten Pfanne bei mittlerer Temperatur erhitzen, die Zwiebel und die Chilischote etwa 4 Minuten leicht anbräunen. Vom Herd nehmen, den Mangold und die Kichererbsen unterrühren. Der Mangold sollte durch die Resthitze zusammenfallen. Abkühlen lassen, dann den Feta hinzufügen. Mit Salz und Pfeffer abschmecken.
3. Den Backofen auf 230 °C vorheizen und ein Backblech mit Backpapier auslegen.
4. Den Teig in 14 gleich große Bällchen formen. Jedes Bällchen auf einer leicht bemehlten Arbeitsfläche kreisförmig etwa 5 Millimeter dick ausrollen. Jeweils 1 gehäuften EL Füllung in die Mitte setzen und den Teig dreieckig nach innen falten. Die Päckchen auf das Backblech setzen. Mit einem Küchenhandtuch abdecken und 15 Minuten ruhen lassen.
5. Mit dem Olivenöl bestreichen und etwa 15 Minuten backen, bis sie goldgelb sind, der Boden sollte braun sein. Noch einmal mit Öl bestreichen und servieren.

MAGHMOUR: VEGETARISCHE MOUSSAKA

Maghmour ist eine vegane libanesische Moussaka, bei der das Fleisch durch Kichererbsen ersetzt wird.

Für 4 Personen

2 große Auberginen, in 5 Zentimeter große Würfel geschnitten
75 ml Olivenöl
Salz und frisch gemahlener schwarzer Pfeffer nach Belieben
1 große Zwiebel, gehackt
3 Knoblauchzehen, zerdrückt
1 grüne Chilischote, z. B. Serrano, gehackt
1, 1 kg Tomaten, geschält und gehackt
1 EL Tomatenmark
1 TL fertiges oder selbst gemachtes *baharat* (s. S. 376)
1 EL getrocknete Minze
500 g gekochte Kichererbsen für Salat und Eintöpfe (s. S. 176/177), plus 1 Tasse Kochwasser

Tipp
Für die Alternative mit Fleisch 300 g Hackfleisch zur angebratenen Zwiebel geben und etwa 5 Minuten goldbraun braten.

1. Den Backofen auf 200 °C vorheizen und ein Backblech mit Backpapier auslegen.
2. Die Auberginen in eine große Schüssel geben, 3 EL Olivenöl und Salz und Pfeffer hinzufügen. Gründlich vermengen. Gleichmäßig auf dem Backblech verteilen und im Backofen etwa 25–30 Minuten goldbraun backen. Zur Hälfte der Backzeit einmal wenden. Beiseitestellen.
3. Das restliche Olivenöl in einer Pfanne erhitzen und die Zwiebel etwa 3–4 Minuten anbraten. Den Knoblauch und die Chilischote hinzufügen und 1 Minute braten. Die Tomaten hinzufügen und etwa 3 Minuten kochen, bis ein Teil der Flüssigkeit verkocht ist.
4. Das Tomatenmark, das *baharat*, die Minze, die gebackenen Auberginen und die Kichererbsen hinzufügen und 15 Minuten garen. Wenn die Masse zu trocken ist, ausreichend Kochwasser hinzugeben, damit eine sämige Konsistenz entsteht. Abschmecken.
5. Heiß oder bei Raumtemperatur servieren.

SHULBATA: BULGUR-PILAW MIT KICHERERBSEN

Dieses herzhafte arabische Gericht gibt es in vielen Variationen. Diese vegetarische Variante stammt aus der drusischen Küche und schmeckt mit Joghurt besonders gut.

Für 4–6 Personen

60 ml Olivenöl
2 mittelgroße Zwiebeln, gehackt
2 rote Paprikaschoten, gehackt
2 Knoblauchzehen, gehackt
1 grüne Chilischote, z. B. Serrano, gehackt
3 Tomaten, grob geraspelt
3 EL Tomatenmark
1 TL getrocknete Minze
1 TL fertiges oder selbst gemachtes *baharat* (s. S. 376)
Salz und frisch gemahlener schwarzer Pfeffer nach Belieben
375 g gekochte Kichererbsen für Salate und Eintöpfe (s. S. 176/177)
210 g grobkörniger Bulgur, abgebraust
720 ml kochende Brühe oder kochendes Wasser

Dazu passt
Vollfetter Naturjoghurt

1. Das Öl in einem Topf erhitzen, die Zwiebeln und die Paprika darin in etwa 5 Minuten goldbraun anbraten. Den Knoblauch, die Chilischote, die Tomaten, das Tomatenmark, die Minze, das *baharat*, das Salz und Pfeffer hinzufügen und alles gut verrühren. Die Kichererbsen und den Bulgur unterrühren.
2. Die kochende Brühe (oder das kochende Wasser) hinzugießen, erneut rühren und aufkochen. Zudecken, die Temperatur reduzieren und 25–30 Minuten köcheln, bis die gesamte Flüssigkeit aufgenommen und der Bulgur aufgequollen und aromatisch ist. Abschmecken.
3. In Schüsseln mit einem Klecks Joghurt servieren.

BALILA: KNOBLAUCH-KREUZKÜMMEL-KICHERERBSEN

»Bali-la, bali-la!« Dieser Ruf ertönt bei Sonnenuntergang zum Fastenbrechen während des Ramadan. Die gewürzten Kichererbsen, die im Libanon und in Syrien als *balila* bekannt sind, werden gewöhnlich abends als Streetfood verkauft.

Für 4 Personen

2 EL Olivenöl
2 Knoblauchzehen, zerdrückt
1 kg gekochte Kichererbsen für Salate und Eintöpfe (s. S. 176/177), plus 1 Tasse Kochwasser
1 EL gemahlener Kreuzkümmel
1 TL Salz

Dazu passt
1 Tasse frische Petersilie, gehackt
½ Tasse geröstete Pinienkerne
1 Zitrone, geviertelt
Olivenöl

1. Das Öl in einem großen Topf auf mittlerer Stufe erhitzen, den Knoblauch hinzufügen und nur kurz in Öl dünsten. Die Kichererbsen dazugeben und 1–2 Minuten unter ständigem Rühren sautieren. Mit Kreuzkümmel und Salz abschmecken.
2. Die *balila* auf vier Teller verteilen. Mit Petersilie und Pinienkernen bestreuen, jeweils ein Zitronenviertel darüber auspressen und mit Olivenöl beträufeln. Servieren.

HUMMUS BEIRUTI

Ein traditionelles Rezept mit Pfiff: Ein Klecks Joghurt oder Sauerrahm gibt dem Hummus einen säuerlichen Geschmack und eine cremige Struktur.

Für 4 Personen

500 g gekochte Kichererbsen für Hummus (s. S. 176/177), gekühlt
1 TL Salz
120 g Tahini
3 EL frisch gepresster Zitronensaft
3 EL griechischer Joghurt oder Sauerrahm
1 Knoblauchzehe, zerdrückt
3 EL Olivenöl

Dazu passt
Geröstete Pinienkerne
Petersilie, gehackt
1 Prise Paprikapulver
Pita-Brote (s. S. 124)
Gehackter Gemüsesalat (s. S. 280)

1. Die Kichererbsen und das Salz in der Küchenmaschine etwa 3 Minuten pürieren. Das Tahini, den Zitronensaft, den Joghurt (oder den Sauerrahm) und den Knoblauch hinzufügen und weitere 2 Minuten zu einem weichen Brei pürieren. Dabei hin und wieder mit einem Spachtel von den Schüsselseiten nach unten streichen.
2. Bei laufender Küchenmaschine das Olivenöl hinzufügen und weitere 3 Minuten rühren, bis die Masse luftig und cremig ist. Abschmecken, wenn nötig Salz und Zitronensaft hinzufügen. Gegebenenfalls 2–3 TL Wasser unterrühren, bis die passende Konsistenz erreicht ist.
3. Das Hummus mit einem Löffel auf einem Servierteller verteilen. Mit Pinienkernen, Petersilie und Paprika bestreuen.
4. Mit frischer Pita und Gemüsesalat servieren.

ملعقة نسكافيه
Nescafe stick
TORA BIKA
ليبتون
شاي العلامة الصفراء
Lipton
YELLOW LABEL TEA
Rapido
petikek
Kakaolu Mozaik Kek
Marble Cake With Cocoa

دمشق

FRITTIERTE KICHERERBSEN MIT BAHARAT – DIE EINZIG WICHTIGE FRAGE, DIE SICH STELLT – HUMMUS WECKT ERINNERUNGEN – EIN TAUSEND JAHRE ALTES MITTEL GEGEN KATER – BURGHOL BI DFINE: KICHERERBSEN-BULGUR-KAROTTEN-EINTOPF – HUMMUS BIL LAHMNEH: HUMMUS MIT LAMMFLEISCH

Damaskus

FALAFEL SHAMI: GRÜNE FALAFEL-PATTIES MIT BAHARAT – FALAFEL-SAMBUSAS – YAKHNI: LAMM-KICHERERBSEN-EINTOPF – MAHSHI SIYAMI: ZUCCHINI, GEFÜLLT MIT KICHERERBSEN UND REIS – KIBBEH HEMO: KICHERERBSENSUPPE MIT GEFÜLLTEN GRIESSKLÖSSCHEN – DIE GOLDENE KICHERERBSE

דמשק

VISA
SYRIA
CARD
MasterCard

FRITTIERTE KICHERERBSEN MIT BAHARAT

Baharat ist eine arabische Gewürzmischung, der Name bedeutet einfach »Gewürz«. Sie ist der Star dieses beliebten Snacks.

Für 4 Personen

400 g getrocknete Kichererbsen
½ TL Backpulver
3 EL Olivenöl
koscheres Salz
1 TL fertiges oder selbst gemachtes *baharat* (siehe unten)

***Baharat*-Gewürzmischung**
25 g frisch gemahlener schwarzer Pfeffer
25 g Paprikapulver
3 EL gemahlener Kreuzkümmel
2 EL gemahlener Koriander
2 EL gemahlener Zimt
2 EL gemahlene Gewürznelken
1 EL gemahlene Muskatnuss
1 EL getrocknete Minze
1 TL gemahlener Kardamom

Alle Zutaten im Mörser zu einem feinen Gewürzpulver vermahlen. In einem luftdichten Behälter hält sich das *baharat* etwa 1 Monat. Vor direktem Sonnenlicht schützen.

1. Die Kichererbsen gründlich abbrausen, in eine Schüssel geben und so viel Wasser hinzugießen, dass sie mindestens 5 Zentimeter bedeckt sind. 12 Stunden im Kühlschrank einweichen.
2. Die Kichererbsen abgießen und gleichmäßig auf einem sauberen Küchenhandtuch verteilen. Ein zweites Küchenhandtuch darüberlegen und die Schalen vorsichtig von den Kichererbsen reiben.
3. Anschließend die Kichererbsen in einen Topf geben, so viel Wasser hinzufügen, dass sie mindestens 5 Zentimeter bedeckt sind, und aufkochen. Die Temperatur reduzieren und 30 Minuten köcheln lassen. Das Backpulver dazugeben und 30–45 Minuten kochen, bis die Kichererbsen weich sind. Vom Herd nehmen und in einem Küchensieb abtropfen lassen.
4. Die Kichererbsen in einer trockenen Pfanne bei mittlerer etwa 10 Minuten goldbraun rösten. Alternativ den Backofen auf 200 °C vorheizen und die Kichererbsen auf einem Backblech etwa 20 Minuten goldbraun rösten.
5. Das Olivenöl und das Salz in die Pfanne geben und weitere 5 Minuten rösten, dabei ständig rühren. Bei der Alternative im Backofen die Kichererbsen vorsichtig mit Olivenöl und Salz vermischen und etwa 8 Minuten weiterrösten.
6. Die Pfanne vom Herd nehmen, das *baharat* hinzufügen und etwa 1–2 Minuten unterrühren, bis die Gewürzmischung gleichmäßig verteilt ist. Alternativ die Kichererbsen aus dem Ofen nehmen und das *baharat* untermischen. Servieren, solange die Kichererbsen noch heiß und knackig sind. Sie schmecken aber auch bei Raumtemperatur.

Detective

مطعم ميدان زمان

الجنس الآخر من الحمص
وهو المسمى حمصا
كرسنيا وقوته
هذه القوة أعني
قوة جاذبة محللة
قطاعة مفتتة
وهو حار فيه
رطوبة يسيرة وفيه
مع هذا شيء من
المزاج يشبهها صار
ينقي ويفتح سدد
الكبد والطحال

والكلى ويجلو الجرب والقوبا والأورام الحادثة عند الأذنين والشقفين إذا طليت
ويشفي أيضا الجراحات إن استعمل مع العسل د ب اريبنش وهو الحمص البستاني يلين
الطبيعة ويدر البول ويولد النفخ ويحسن اللون ويدر الطمث ويعين على إخراج
الجنين ويولد اللبن والصنف من الحمص الذي يقال له ارونياس خاصة يطبخ بماء
ويتضمد به مع عسل لورم الخصا والقروح الخبيثة والصنف الآخر الذي يقال
له قرنوس وهو الحمص الأسود الصغير وكلاهما إذا سقي من طبيخهما مع الحشيشة التي
تسمى ليابوطس للبرقان والحبن نفعا منها بإخراجها الفضول بإدرار البول ويضر
بالمثانة المتقرحة والكلى ومن الناس من يزعم أنه يقلع الثآليل التي يقال لها
أقرخوردس والثآليل التي يقال لها مرسكا بأن يؤخذ من الحمص حبة فتوضع (أحد)
واحدة على كل ثؤلول في ابتداء الشهر ثم يؤخذ ذلك الحمص الذي في خرقة ويرمى به
إلى خلف . بولس الحمص كثير الغذا ليس بجيد الكيموس يحدث في البدن

DIE EINZIG WICHTIGE FRAGE, DIE SICH STELLT

Farouk Mardam-Bey

Im Nahen Osten hat jeder sein eigenes Rezept für Hummus. Unseres ist nicht authentischer als die anderen und nichts sollte Sie, liebe Leserin, lieber Leser, davon abhalten, das Rezept nach Ihren Vorstellungen abzuwandeln und mehr (oder weniger) Tahini, Zitronensaft oder Knoblauch zu verwenden. Sollte man die Zutaten erst mischen und dann zum Hummus geben oder sie eine nach der anderen einrühren? Das ist gar nicht so wichtig. Die einzig wichtige Frage, die sich stellt, ist die nach den Kichererbsen selbst. Sollte man sie geschält oder ungeschält pürieren? Die beiden libanesischen Schriftsteller Nohad Boulus Guillaume und Ibrahim Muzaner sind dafür, die Kichererbsen vorher zu schälen. Ihre Methode ist einzigartig: Sie rösten die Kichererbsen ohne Fett an, geben Backsoda dazu, und erst dann gießen sie kochendes Wasser in den Topf. Die Schale löst sich nach und nach, es ist wie ein Spiel, man braucht etwas Geduld und Glück, um die Kichererbsen zum richtigen Zeitpunkt herauszufischen.

Hummus wird gewöhnlich nur mit etwas Olivenöl beträufelt serviert, Varianten gibt es aber viele: mit gehackter Petersilie, mit ganzen gekochten Kichererbsen, gekochten Fava-Bohnen, mit Kreuzkümmel oder sogar mit gemahlenem Chilipulver. Man kann Hummus mit Lamm-Confit, Hackfleisch, *sujuk* (scharfer Wurst) oder *basturma* (einem armenischen Fleischgericht) servieren oder einfach nur mit in Butter (oder noch besser in *samneh*, geklärter Butter) angebratenen Pinienkernen. Das traditionelle Hummus war noch wesentlich komplexer als das Hummus heute. Ein Rezept aus dem 13. Jahrhundert listet Dutzende von Zutaten auf, darunter frische grüne Kichererbsen, Pistazien, Tahini, Zitrone und Olivenöl. Während der Herrschaft der Mamelucken schrieb der anonyme Verfasser des *Kanz al-Fawaid* (eines ägyptischen Kochbuchs aus dem 14. Jahrhundert) ein noch ambitionierteres Rezept nieder, das auch Mandeln und Nüsse vorsah. Von den mehr als 800 Rezepten gibt es insgesamt zehn, die wertvolle Hinweise über die Ursprünge und die damalige Bedeutung des Hummus überliefern.

...

Farouk Mardam-Bey ist ein frankosyrischer Historiker und Ernährungswissenschaftler, Autor und Herausgeber mehrerer Bücher, darunter *Traité du Pois Chiche* (Der Kichererbsenvertrag) und *La Cuisine de Ziryab* (Die Küche von Ziryab).

Seite 282:
Kichererbsenpflanze

Das Kräuterbuch des al-Ghāfiqī, arabische Handschrift aus dem 13. Jahrhundert. Osler Bibliothek der Medizingeschichte

HUMMUS WECKT ERINNERUNGEN

Mohammad Orfali

Hummus weckt Erinnerungen. Bevor ich die kulinarische Welt betrat, wusste ich nicht, dass Kichererbsen die Hauptzutat für so viele unserer Gerichte sind. Mir war nicht klar, dass die Kichererbsen im Hummus mit Tahini die gleichen Hülsenfrüchte waren wie die mit buntem Zucker überzogenen oder salzigen Snacks, die wir in der Schule kaufen konnten.

Für uns Kinder waren natürlich Lutscher und *daqa* die Favoriten. *Daqa* sind geröstete Kichererbsen mit Salz, Zitronensäure und einigen Gewürzen und Kräutern wie Pfeffer, getrockneter Minze und Kreuzkümmel. Zusammen sind Lutscher und *daqa* unschlagbar, die perfekte Kombination aus süß, salzig und sauer.

Die Erinnerungen an Hummus führen mich zurück zu meiner Familie, insbesondere ins Haus meines Großvaters und in mein Elternhaus. Die Erinnerungen an den Brotaufstrich haben sich tief in mein Gedächtnis eingebrannt. Es war wie ein Wunder: Wie konnte aus so wenigen Zutaten etwas so Magisches entstehen? Eine Köstlichkeit, die auf der Zunge zergeht, nur aus Kichererbsen, Tahini, Knoblauch, Kreuzkümmel und Olivenöl? Seitdem stelle ich mir die Frage, wer Hummus mit Tahini erfunden hat.

Ich glaube, dass Hummus von der Levante aus, also von Syrien, Libanon, Palästina und Jordanien, in die Welt getragen wurde. Die in der westlichen Welt vorherrschende Meinung, Hummus käme aus dem Nahen Osten, ist mir zu schwammig. Der Begriff »Naher Osten« wird der Identität des Hummus oder der arabischen Küche ohnehin nicht gerecht.

Hummus mit Tahini kann warm oder kalt serviert werden. In Aleppo gibt es das Hummus üblicherweise kalt, dazu gibt es heiße Kichererbsen, Kreuzkümmel, roten Pfeffer und Olivenöl. Manchmal serviert man es auch mit Fleisch, Pinienkernen oder Lammfett.

Für die meisten Syrer ist der Freitag der Tag der Familie. Er beginnt mit einem gemeinsamen Frühstück und erstreckt sich bis zum Abendessen. Für mich begann der Familientag schon am Donnerstag mit einem Besuch im Haus meines Großvaters, wo ich auch übernachtete. Jeden Freitagmorgen hat mich Großvater Mohammad, Gott hab ihn selig, zum Frühstück ausgeführt. Wenn wir Lust auf Süßes hatten, aßen wir meist *maa'moneyah* und *shea'beyat*, ein krümeliges Gebäck mit Cremefüllung. Wenn uns nach Herzhaftem war, kauften wir Fava-Bohnen bei Haj Abdo, und wenn wir Hummus wollten, dann musste es von Abu Shafiq oder Al-Qassas sein. Natürlich durften auch Falafeln nicht fehlen und alle anderen Köstlichkeiten, die man mit Hummus kombinieren kann.

Der Einkauf war ein unvergessliches Erlebnis – das frisch gebackene Brot, die grünen Zwiebeln, die Minze, die Granatäpfel. Wir mussten immer in mehrere Geschäfte gehen. Ich weiß noch, wie ich meinen eigenen Teller für das Hummus und die Bohnen mitbrachte, bevor die Plastikgefäße zum Mitnehmen eingeführt wurden. Der Hummusverkäufer fragte mich immer: »Willst du das normale Hummus oder das besonders gute?« Der Unterschied lag in der Menge an Tahini, im besonders guten Hummus war mehr enthalten. Ich liebte es, wenn der Mann das Hummus aus seinem hölzernen Mörser auf den Teller strich und es mit Kreuzkümmel und Aleppo-Pfeffer bestreute.

Damaskus ist berühmt für seine *fata (fattet)* – knuspriges Fladenbrot mit verschiedenen Beilagen. Ich habe die *fata* aber erst bewusst wahrgenommen, als ich von Aleppo nach Damaskus zog und sie bei Booz al-Jaddi kennen und schätzen lernte.

Später erfuhr ich, dass die *fata* in Aleppo schwerer ist, da das Brot in Fett gebacken wird, während es in Damaskus trocken gegessen wird. Kichererbsen zur *fata* gibt es auf zwei Wegen: zunächst als Hummus mit gekochten Kichererbsen, dann folgen weitere Kichererbsen zusammen mit Joghurt, Tahini und Zitronensaft.

Kichererbsen haben einen hohen Nährwert und dienen den Menschen im Nahen Osten und in einigen Entwicklungsländern als hauptsächlicher Eiweißlieferant, weil sie Proteine aus einer vegetarischen Quelle liefern. Kichererbsen sind im Gegensatz zum teureren Fleisch für jedermann erschwinglich und gelten daher als »Fleisch der Armen«. Hier in Syrien und in den anderen Ländern der Levante werden Kichererbsen für Falafel und

Hummus mit Tahini verwendet. Aber mich interessieren vor allem die weniger bekannten Gerichte, deren Hauptzutat die Kichererbse ist, zum Beispiel *fata*, *msabaha*, *tasqeya* und *qudsiyeh*.

Kichererbsen sind nicht nur ein wertvolles Nahrungsmittel, sondern auch eine wichtige Einnahmequelle für die Bauern und Feldarbeiter. Die syrischen Hauptanbaugebiete liegen in der Umgebung von Aleppo, Idlib und Dera, von dort stammen 56 % der gesamten Erntemenge.

…

Mohammad Orfali ist ein Spitzenkoch und Restaurantbesitzer, der sich auf moderne arabische Küche und auf Rezepte seiner Heimatstadt Aleppo spezialisiert hat. Er ist verantwortlich für die kulinarischen Themen des Senders Discovery Network's Fatafeat TV in Dubai.

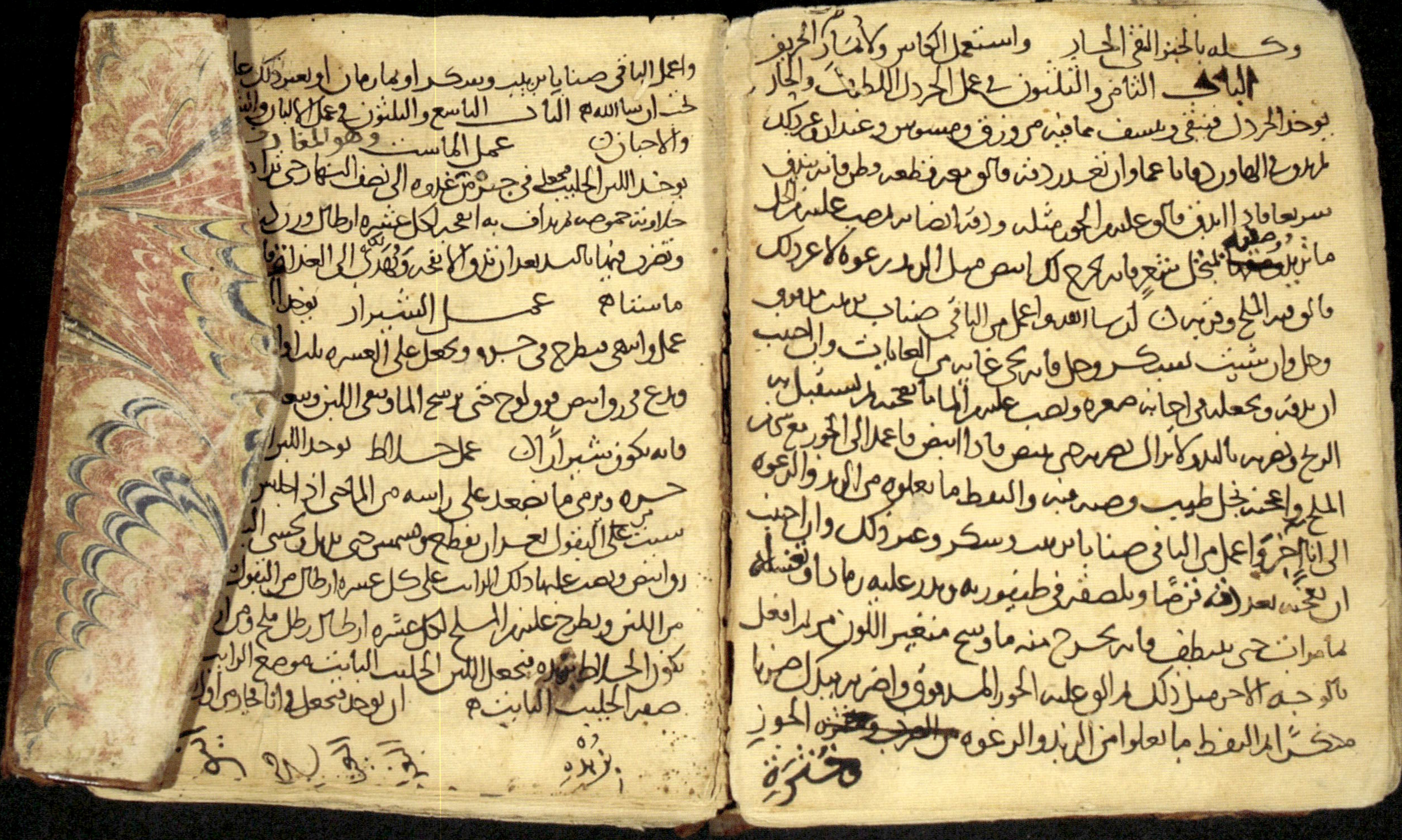
الباب الثامن والثلثون في عمل الجردال اللطيف والحار

الباب التاسع والثلثون في عمل الباذ

عمل الماست

عمل الشيراز

EIN TAUSEND JAHRE ALTES MITTEL GEGEN KATER

Das *Kitāb al-Tabīkh* (Das Buch der Gerichte) enthält mehr als 600 Rezepte für Essen und Arzneien, darunter auch ein Mittel namens *kkishkiyya* gegen Kater. Der Eintopf aus Fleisch, Kichererbsen und Gemüse enthält eine Zutat mit dem Namen *kashk*, das ist ein fermentierter Joghurt, der gegen die »Hitze im Kopf und im Bauch« helfen soll, die durch reichlichen Alkoholkonsum verursacht wird. Noch heute wird *kkishkiyya* nach dem Originalrezept zubereitet, vor allem im Nordirak und in der Levante. Verwandt ist die *kashk*-Suppe mit Kichererbsen und Reis (s. S. 89).

Links:
Das tausend Jahre alte Rezept gegen Kater: *Kkishkiyya*.

Kitāb al-Tabīkh, ein Rezeptbuch aus dem 10. Jahrhundert, gesammelt von Ibn Sayyar al-Warraq. Finnische Nationalbibliothek

BURGHOL BI DFINE: KICHERERBSEN-BULGUR-KAROTTEN-EINTOPF

Dieses traditionelle syrische Rezept auf der Basis von Bulgur und Kichererbsen wird typischerweise mit Joghurt oder *labneh* serviert.
Rezept: Farouk Mardam-Bey

Für 6 Personen

200 g *samneh* oder Ghee oder 240 ml Olivenöl
etwa 1 kg Lammschulter, in Würfel geschnitten
500 g Perlzwiebeln, geschält
500 g gekochte Kichererbsen für Salate und Eintöpfe (s. S. 176/177))
600 g grobkörniger Bulgur
1 TL Salz
1 Prise frisch gemahlener schwarzer oder weißer Pfeffer
1 Prise gemahlener Zimt
1 Prise gemahlene frische Gewürznelken
1 Prise gemahlener Kreuzkümmel
50 g geröstete Pinienkerne

Dazu passt
Labneh oder vollfetter Naturjoghurt

1. 100 g *samneh* (oder 120 ml Olivenöl) in einem großen Topf erhitzen, das Lammfleisch hinzufügen und etwa 10 Minuten auf allen Seiten anbraten, hin und wieder wenden. Das Fleisch herausnehmen und beiseitestellen. Die Zwiebeln in den Topf geben und in etwa 5 Minuten goldbraun anbraten.
2. Das Fleisch wieder in den Topf geben, die Kichererbsen, den Bulgur, das Salz und die Gewürze hinzufügen und gut verrühren. 1 l Wasser dazugießen, aufkochen, die Temperatur reduzieren und etwa 35 Minuten köcheln lassen, bis das Fleisch zart und das Wasser verkocht ist.
3. Den Bulgur und die Kichererbsen auf einer Servierplatte verteilen, das Fleisch obenauf legen. Das restliche *samneh* (oder das restliche Olivenöl) darüberträufeln, mit gerösteten Pinienkernen bestreuen und mit *labneh* oder Joghurt servieren.

HUMMUS BIL LAHMNEH: HUMMUS MIT LAMMFLEISCH

Dieses cremige Hummus aus Aleppo wird kalt, mit heißen Kichererbsen und scharf gewürztem Fleisch serviert.
Rezept: Mohammad Orfali

Für 4 Personen

Für das Hummus
200 g getrocknete Kichererbsen, 24 Stunden eingeweicht
80 g Tahini
1 Knoblauchzehe
3 EL Limettensaft
1 ½ TL Salz
60 ml Olivenöl

Für das Fleisch
45 g Butter oder Ghee
225 g Lammfilet, in 1 Zentimeter große Würfel geschnitten
Salz nach Belieben
1 TL zerstoßene Aleppo-Daqa-Gewürzmischung oder fertiges oder selbst gemachtes *baharat* (s. S. 376)

geröstete Pinienkerne zum Garnieren

1. Für das Hummus die eingeweichten Kichererbsen abgießen und gründlich abbrausen. In einen Topf geben, 2 l Wasser dazugießen und etwa 4 Stunden köcheln lassen. Abkühlen lassen. 80 ml Kochwasser in einen Eiswürfelbehälter geben und einfrieren.
2. Die Kichererbsen in der Küchenmaschine etwa 3 Minuten pürieren.
3. Während des Rührens das gefrorene Kochwasser hinzufügen, einen Würfel nach dem anderen, bis eine cremige Masse entstanden ist. Das Ganze dauert etwa 4 Minuten.
4. Das Tahini, den Knoblauch, den Limettensaft und das Salz dazugeben und weitere 2 Minuten rühren. Das Olivenöl hinzugießen und noch mal 2 Minuten cremig schlagen. Abschmecken.
5. Für das Fleisch die Butter in einer Pfanne bei hoher Temperatur schmelzen, das Fleisch darin scharf anbraten und etwa 2 Minuten auf allen Seiten anbräunen. Mit Salz und Aleppo-Daqa würzen.
6. Das Hummus auf einer Servierplatte verteilen, das Fleisch darauflegen und mit den Pinienkernen garnieren.

FALAFEL SHAMI: GRÜNE FALAFEL-PATTIES MIT BAHARAT

Diese flachen Falafelfrikadellen verdanken ihre grüne Farbe den Schalotten und den frischen Kräutern. Ihr unverwechselbarer Duft kommt von der *baharat*-Gewürzmischung im Teig.

Für 30 Patties

300 g getrocknete Kichererbsen
5 Schalotten
4 Knoblauchzehen
1½ Tassen frischer Koriander
1½ Tassen frische Petersilie
1 TL gemahlener Kreuzkümmel
1 TL gemahlener Koriander
1 TL fertiges oder selbst gemachtes *baharat* (s. S. 376)
1 EL Sesamsamen
1 TL Schwarzkümmelsamen
1 TL Salz
1 TL Backpulver
Pflanzenöl zum Frittieren

1. Die Kichererbsen gründlich abbrausen. In eine Schüssel geben und mit so viel Wasser aufgießen, dass sie mindestens 5 Zentimeter bedeckt sind. Im Kühlschrank 12 Stunden einweichen. Abgießen und abbrausen.
2. Die Kichererbsen, die Schalotten, den Knoblauch, den Koriander und die Petersilie in der Küchenmaschine zu einer krümeligen Masse rühren.
3. In eine Schüssel geben, die restlichen Gewürze, das Salz und das Backpulver unterrühren. 120 ml Wasser esslöffelweise hinzufügen, bis die richtige Konsistenz erreicht ist, um aus der Masse kleine Bällchen zu formen, ohne dass sie an den Händen klebt.
4. 5 Zentimeter Öl in einem großen Topf auf 180 °C erhitzen. Eine Falafel formen, darin frittieren und probieren, gegebenenfalls nachwürzen.
5. Mit angefeuchteten Händen, zwei Esslöffeln, einem Falafel-Löffel oder einem kleinen Eiscremeportionierer den restlichen Teig in walnussgroße Bällchen formen und leicht flach drücken.
6. Immer sechs Falafelbällchen auf einmal 3–4 Minuten goldbraun frittieren. In einem Küchensieb oder auf einem mit Küchenkrepp ausgelegten Backblech abtropfen lassen. Sofort servieren.

FALAFEL-SAMBUSAS

Dieses herzhafte Hefegebäck ist mit scharfem Kichererbsenpüree gefüllt.

Für 30 Stück

Für den Teig
560 g ungebleichtes Weizenmehl
1 EL Trockenhefe
1 TL Zucker
60 ml Olivenöl
½ TL Salz

Für die Füllung
60 ml Olivenöl
2 mittelgroße Zwiebeln, gehackt
500 g gekochte Kichererbsen für Salate und Eintöpfe (s. S. 176/177)
½ TL gemahlener Kreuzkümmel
½ TL gemahlene Kurkuma
Salz und frisch gemahlener schwarzer Pfeffer nach Belieben
Pflanzenöl zum Frittieren

1. Für den Teig das Mehl, die Hefe, den Zucker, das Öl, 300 ml Wasser und das Salz in der Küchenmaschine mit den Knethaken etwa 10 Minuten zu einem weichen und elastischen Teig kneten. Abdecken und etwa 1 Stunde gehen lassen.
2. Für die Füllung das Öl in einer flachen Pfanne bei mittlerer Temperatur erhitzen, die Zwiebeln hinzufügen und 5 Minuten weich und goldbraun anbraten. Die Kichererbsen und die Gewürze unterrühren und 2–3 Minuten garen, dabei die Kichererbsen zu einer stückigen Masse zerdrücken. Abkühlen lassen.
3. Die Luft aus dem Teig herausschlagen. Abdecken und 1 weitere Stunde gehen lassen.
4. Den Teig auf einer bemehlten Arbeitsplatte 3 Millimeter dick ausrollen. Mit einem Teigschneider oder einem Glas Kreise von 10 Zentimeter Durchmesser ausstechen. Die Teigreste wieder zusammenrollen, insgesamt 30 Teigkreise ausschneiden.
5. Ein Backblech leicht einfetten und beiseitestellen. Jeweils 1 EL Füllung in die Mitte jedes Teigkreises setzen und zu einem Halbmond falten. Die Ränder aufeinanderpressen und fest verschließen. Die Sambusas auf das Backblech setzen und 30 Minuten gehen lassen.
6. Etwa 5 Zentimeter Öl in eine tiefe Pfanne geben und bei mittlerer Temperatur auf 180 °C erhitzen. Jeweils vier Sambusas darin 3–5 Minuten frittieren, bis sie rundum goldbraun sind. In einem Küchensieb oder auf Küchenkrepp abtropfen lassen. Sofort servieren.

YAKHNI: LAMM-KICHERERBSEN-EINTOPF

In diesem Eintopf, den die Juden in Aleppo zubereiten, verleiht das Lammfleisch den Kichererbsen einen intensiv würzigen Geschmack.

Für 4 Personen

120 ml Olivenöl
3 mittelgroße Zwiebeln, gehackt
450 g Lammnacken oder Lammkotelett, in Stücke geschnitten
4 Tomaten, geschält und gehackt
6 Knoblauchzehen, geschält und gehackt
2 mittelgroße Karotten, in 2–3 Zentimeter große Würfel geschnitten
2 TL fertiges oder selbst gemachtes *baharat* (s. S. 376)
1 TL gemahlener Kreuzkümmel
1 TL gemahlene Kurkuma
1 TL gemahlener Koriander
Salz und frisch gemahlener schwarzer Pfeffer nach Belieben
3 große Kartoffeln, in 2–3 Zentimeter große Würfel geschnitten
375 g gekochte Kichererbsen für Salate und Eintöpfe (s. S. 176/177)

1. Das Olivenöl in einem großen Topf bei mittlerer Temperatur erhitzen, die Zwiebeln hinzufügen, die Temperatur reduzieren und etwa 10 Minuten goldbraun anbraten. Die Zwiebeln herausnehmen und beiseitestellen. Die Temperatur wieder erhöhen, das Fleisch in den Topf geben und etwa 12 Minuten von allen Seiten leicht anbräunen.

2. Die Zwiebeln wieder in den Topf geben, die Tomaten und den Knoblauch hinzufügen und weitere 2 Minuten dünsten, bis es duftet. Die Karotten, das *baharat*, den Kreuzkümmel, die Kurkuma, den Koriander, Salz und Pfeffer dazugeben. 2 l Wasser dazugießen und gut verrühren. Aufkochen lassen, den Schaum mit einem Löffel von der Oberfläche entfernen. Die Temperatur reduzieren, den Topf zudecken und etwa 1 Stunde köcheln lassen, bis das Fleisch sehr weich ist. Wenn die Hälfte des Wassers verdampft ist, nachgießen.

3. Die Kartoffeln hinzufügen und etwa 45 Minuten weich kochen. Die Kichererbsen unterrühren. Abschmecken. Als Hauptgericht heiß servieren.

MAHSHI SIYAMI: ZUCCHINI, GEFÜLLT MIT KICHERERBSEN UND REIS

Mahshi bedeutet »gefüllt« und *Siyami* »zur Fastenzeit«. Dieses vegetarische Gericht wird während der Fastenzeit gegessen, wenn die Christen auf Fleisch verzichten.

Für 12 gefüllte Zucchini

90 ml Olivenöl
1 mittelgroße Zwiebel, gehackt
4 EL Pinienkerne
200 g Jasminreis
1 TL Salz, plus mehr nach Belieben
250 g gekochte Kichererbsen für Salate und Eintöpfe (s. S. 176/177)
3 EL gehackte Petersilie
2 TL fertiges oder selbst gemachtes *baharat* (s. S. 376)
1 Prise gemahlener Zimt
½ TL getrocknete Minze (optional)
60 ml Tomatenmark
4 Tomaten, 2 fein gehackt, 2 in Scheiben geschnitten
4 Knoblauchzehen, zerdrückt
1 TL Paprikapulver
frisch gemahlener schwarzer Pfeffer
12 mittelgroße Zucchini, ausgehöhlt, die Wände etwa 5 Millimeter dick

Dazu passt
Vollfetter Naturjoghurt

1. Für die Füllung 60 ml Olivenöl in einem mittelgroßen Topf bei mittlerer Temperatur erhitzen, die Zwiebel hinzufügen und etwa 8 Minuten goldgelb anbraten. Die Pinienkerne und den Reis dazugeben und unter ständigem Rühren 2–3 Minuten anschwitzen. Das Salz und 240 ml kochendes Wasser hinzufügen, den Topf zudecken und den Reis 10 Minuten kochen, bis der Reis weich ist. In eine Schüssel geben und abkühlen lassen.

2. Die Kichererbsen, die Petersilie, das *baharat*, den Zimt und die Minze zur Reismischung hinzufügen. Mit den Händen gut vermischen und beiseitestellen.

3. Für die Sauce 1 l Wasser, das Tomatenmark, die Tomatenstücke, den Knoblauch, das Paprikapulver, Salz und Pfeffer in einer großen Schüssel mischen und abschmecken.

4. Die Zucchini höchstens zu drei Viertel mit der Mischung füllen, damit der Reis Platz zum Entfalten hat.

5. Die restlichen 30 ml Olivenöl in einen großen Topf geben. Die Tomatenscheiben gleichmäßig auf dem Boden verteilen, die gefüllten Zucchini daraufschichten und mit einem umgedrehten Teller festdrücken. Anschließend so viel Tomatensauce über die Zucchini gießen, dass sie zu zwei Drittel bedeckt sind. Wenn nötig, mehr Wasser hinzugeben. Aufkochen lassen, dann die Temperatur reduzieren, den Topf abdecken und 1–1 ½ Stunden köcheln lassen, bis das Gemüse weich und der Reis gar ist.

6. Zum Servieren Joghurt auf Teller verteilen und jeweils zwei Zucchini darauf setzen.

KIBBEH HEMO: KICHERERBSENSUPPE MIT GEFÜLLTEN GRIESSKLÖSSCHEN

Bei diesem Gericht werden *kibbeh*, große, mit Fleisch gefüllte Grießklößchen, und goldgelbe Kichererbsensuppe kombiniert, die mit Kurkuma gewürzt wird. Wenn Sie möchten, können Sie die *kibbeh* auch kleiner machen.

Für 8 große Klößchen

Für die Füllung
3 EL Olivenöl
2 mittelgroße Zwiebeln, fein gehackt
750 g Rinderhack, bevorzugt Nacken oder Rippe
2 Tomaten, geschält und gehackt
1 TL fertiges oder selbst gemachtes *baharat* (s. S. 376)
1 EL süßes Paprikapulver
Salz und frisch gemahlener schwarzer Pfeffer

Für den *Kibbeh*-Teig
300 g feiner Bulgur
1 ½ TL Salz
150 g Grieß
100 g gehackte Hühnerbrust

Für die Suppe
2 EL Olivenöl
2 mittelgroße Zwiebeln, gehackt
1 mittelgroße Karotte, fein gehackt
2 Selleriestangen, fein gehackt
1 TL gemahlene Kurkuma
Salz und frisch gemahlener schwarzer Pfeffer
750 g gekochte Kichererbsen für Salate und Eintöpfe (s. S. 176/177)

Dazu passt
Gekochter Jasminreis

1. Für die Füllung 2 EL Olivenöl in einem großen Topf bei mittlerer Temperatur erhitzen und die Zwiebeln darin etwa 6 Minuten goldbraun anbraten. Mit einem Schaumlöffel herausnehmen und beiseitestellen. Das restliche Öl und das Fleisch in den Topf geben und bei niedriger Temperatur etwa 20 Minuten garen, bis die Flüssigkeit verkocht ist. In einem Sieb über der Spüle oder über einer Schüssel abkühlen lassen und abtropfen lassen.
2. Das Fleisch, die Zwiebeln, die Tomaten, das *baharat*, das Paprikapulver, Salz und Pfeffer in eine große Schüssel geben. Abschmecken. Die Mischung in acht gleich große Portionen teilen, zu Kugeln rollen und für mindestens 2 Stunden kühl stellen.
3. Für den Teig den Bulgur und das Salz in eine große Schüssel geben und mit so viel Wasser übergießen, dass es mindestens 5 Zentimeter bedeckt ist. 30 Minuten einweichen. In der Zwischenzeit ein Backblech einfetten.
4. Wenn das Wasser aufgenommen ist, den Grieß und das Hühnerfleisch hinzufügen. 2–3 Minuten zu einem weichen, elastischen Teig verkneten. Wenn er zu klebrig ist, noch etwas Grieß hinzufügen, wenn er zu trocken ist, noch etwas Wasser dazugeben.
5. Den Teig in 16 gleich große Portionen teilen. Auf einer mit Grieß bestreuten Arbeitsplatte jeweils 8 Portionen in Kreise mit 8 Zentimeter Durchmesser und acht in Kreise mit 10 Zentimeter Durchmesser ausstechen. Jeweils ein Fleischbällchen in die Mitte jedes kleineren Teigkreises setzen und mit einem größeren Teigkreis abdecken. Die Ränder zusammendrücken und eventuell verbleibende Lücken mit Teigresten verschließen. Die *kibbeh* auf das Backblech setzen und für 30 Minuten in den Kühlschrank stellen.

6. Für die Suppe das Olivenöl bei mittlerer Temperatur in einem breiten Topf erhitzen, die Zwiebeln, die Karotten und den Sellerie darin 5 Minuten goldbraun anbraten. Die Kurkuma, Salz und Pfeffer unterrühren. Die Kichererbsen und 2 l Wasser hinzufügen und aufkochen lassen.
7. Vier *Kibbehs* zur Suppe geben und erneut aufkochen lassen. Die Temperatur reduzieren und etwa 20 Minuten köcheln lassen. Herausnehmen und mit den restlichen *Kibbeh* genauso verfahren.
8. Mit Jasminreis servieren.

In diesem beliebten Imbiss in Damaskus werden Sesambrötchen ausgehöhlt, um mehr Platz für Hummus und Falafel zu schaffen.

DIE GOLDENE KICHERERBSE

Eine kostbare Überraschung beim Fastenbrechen

Im Fastenmonat Ramadan, während der Mahlzeit Iftar, mit der die Muslime abends ihr Fasten brechen, bewirtete Sultan Mehmed der Eroberer seine Gäste mit einem Kichererbsen-Pilaw. Der Legende nach war in diesem Essen eine Kichererbse aus purem Gold verborgen. Der Gast, der die goldene Kichererbse fand, durfte sie als sein *Dis Kirasi* behalten, als besonderes Geschenk während des heiligen Monats.

Links:
Festbankett von General Lala Mustafa Pascha für die Janitscharen am 5. April 1578 in Izmit.

Bibliothek des Topkapi-Palast-Museums

AUTOREN

DAN ALEXANDER
International bekannter Designer, der bereits zahlreiche Preise gewonnen hat. Er ist Gründer und Creative Director von Dan Alexander & Co., einem Innovations-, Branding- und Designlab mit Sitz in Paris. Er arbeitet mit Meinungsmachern und kreativen Köpfen weltweit zusammen, um Technologie, Philosophie und Design zusammenzuführen. Mit seinem Buch *Seafoodpedia* gewann er den renommierten Gourmand International Cookbook Award. Er lebt und arbeitet in Paris und im Périgord.
Seite 13–15

NOF: ATAMNA-ISMAEEL
Spitzenköchin und Gewinnerin der Fernsehshow *Israeli Master Chef.* Sie ist künstlerische Leiterin des »Levantine Food Festival A-Sham«, das jedes Jahr in Haifa stattfindet und Möglichkeiten verfolgt, durch Essen zum friedlichen Miteinander der Völker beizutragen.
Seite 271–273

YOSEF BABALLAH
Spitzenkoch und Besitzer des Alakawi, eines Hummusrestaurants in Kafr Qara. Er ist der Sohn einer jüdischen Mutter und eines muslimischen Vaters aus dem multikulturellen Akko.
Seite 312–313

DR. ON BARAK
Professor am Institut für die Geschichte des Nahen Ostens und Afrikas an der Universität Tel Aviv. Er ist ein renommierter Historiker und Nahost-Spezialist, der sich mit der Einführung von Wissenschaft und Technik in nichtwestlichen Regionen beschäftigt. Er ist Autor mehrerer Bücher, darunter *On Time: Technology and Temporality in Modern Egypt.*
Seite 43–46

PROF. LIORA GVION
Professorin für Soziologie am Kibbutzim College of Education in Tel Aviv. Sie unterrichtet auch am Institut für Ernährungslehre der Hebrew University of Jerusalem und hat das Buch *Beyond Hummus and Falafel: Social and Cultural Aspects of Palestinian Food in Israel* veröffentlicht.
Seite 225–228

KARIM HAIDAR
Libanese und Chefkoch und Mitbesitzer des Restaurants Askini in Paris. Er hat die Académie de cuisine du monde arabe gegründet, über die die arabische Küche weltweit Verbreitung findet.
Seite 349–351, Rezept: Seite 354

JOUDIE KALLA
Britisch-palästinensische Spitzenköchin, Ernährungsberaterin, Menü-Entwicklerin und Kochdozentin aus London. Ihre Familie stammt ursprünglich aus Jaffa. Sie ist Autorin der Bestseller *Palästina auf dem Tisch* und *Baladi.*
Seite 115, Rezept: Seite 117

AREEN ABU-HMID KURDI
Spitzenköchin und Besitzerin der Hummusrestaurants El Abed Abu Hmid auf dem Gelände des alten Leuchtturms von Akko.
Rezept: Seite 314

ITZIK LUZON
Iraelischer Gastronom mit nordafrikanischen Wurzeln, Besitzer des berühmten Restaurants Itzik Hagadol, einer kulinarischen Institution in Jaffa.
Rezept: Seite 123

FAROUK MARDAM-BEY
Franko-syrischer Historiker und Ernährungswissenschaftler, Autor und Herausgeber mehrerer Bücher, darunter *Traité du Pois Chiche* (Der Kichererbsenvertrag) und *La Cuisine de Ziryab* (Die Küche von Ziryab).
Seite 383, Rezept: Seite 390

MOHAMMAD ORFALI
Spitzenkoch und Gastronom, der sich auf moderne arabische Küche und auf Rezepte seiner syrischen Heimatstadt Aleppo spezialisiert hat. Er ist verantwortlich für die kulinarischen Themen des Senders Discovery Network's Fatafeat TV in Dubai.
Seite 385–387, Rezept: Seite 391

ORLY PELI-BRONSHTEIN
Kulinarische Expertin und Spitzenköchin. Sie war Chefredakteurin der führenden israelischen Kochzeitschrift *Al HaShulchan* (Auf den Tisch), hat zahlreiche Kochbücher in hebräischer Sprache veröffentlicht und als Mitautorin an internationalen Publikationen von Janna Gur mitgewirkt, darunter *Die neue israelische Küche* und *Fresh Flavors from Israel.*
Seite 129–133, Rezepte: Alle Rezepte in diesem Buch stammen, wenn nicht anders angegeben, von Orly Peli-Bronshtein.

ANNA-MARIE RAVITZKI
Philosophin, Dichterin und Künstlerin, die in Paris und im Périgord lebt und arbeitet. Ihr Forschungsfeld ist der Raum zwischen Philosophie und Wissenschaft, ihre Bücher erschienen auf Hebräisch, Französisch und Deutsch. Der renommierte französische Verlag Gallimard verlieh ihrem Gedichtband *Le Voile de L'Ange* (Der Schleier des Engels) den Prix Alain Bosquet.
Seite 93–95

CLAUDIA RODEN
Berühmte Kulturanthropologin und als Expertin für jüdische Küche weltweit bekannt. Sie stammt ursprünglich aus Kairo und hat als eine der Ersten zur Entwicklung der jüdischen und orientalischen Esskultur im Wandel von Zeit und Ort geforscht und Dutzende Kochbücher geschrieben, in denen sie die Geschichten und Traditionen beschreibt, die mit den Rezepten im Zusammenhang stehen. Claudia Roden hat mehrere wichtige Preise gewonnen, darunter den James Beard Foundation Book Award, und war lange Jahre Gastgeberin einer Kochshow in der BBC. Heute ist sie Vorsitzende der HIV Charity Food Chain in London.
Seite 33–34, Rezepte: Seite 48, 52

ARIEL ROSENTHAL
Israelischer Spitzenkoch. Ihm gehört das Hakosem, eines der bekanntesten Streetfood-Restaurants von Tel Aviv, wo man unbedingt einkehren sollte. Seit über zwei Jahrzehnten bedient er täglich Tausende von Gästen mit Gerichten, bei denen stets die Kichererbse im Mittelpunkt steht. Er ist Koch aus Leidenschaft und das Hakosem ist ein Erlebnis für alle Sinne, ein kulinarischer Hotspot, wo sich Berühmtheiten und Spitzenköche aus Restaurants mit Michelin-Sternen begegnen.
Seite 167–170, Rezepte: Seite 176–190

HIND TAHBOUB
Palästinensischer Spitzenkoch aus Hebron. Er lebt und arbeitet heute in Paris, wo er den Bandora Catering Service betreibt.
Seite 231, Rezepte: Seite 239, 245

SAMI TAMIMI
Palästinensischer Koch, Mitbesitzer der Londoner Ottolenghi-Nopi-Restaurants und Mitautor des Kochbuch-Bestsellers *Jerusalem.*
Seite 221, Rezept: Seite 244

MOUSA TAWFIQ
Palästinensischer Journalist und Wissenschaftler aus Gaza, lebt in Paris.
Seite 75–77

ILLUSTRATOREN UND FOTOGRAFEN

ANONYMUS
Fotograf aus Damaskus mit einem scharfen Blick für die Kultur der Stadt, der weiterhin anonym bleiben möchte, aus Furcht, das syrische Regime könnte seine Mitarbeit an ausländischen Projekten missbilligen.
Seite 372–375, 377–381, 384, 388/389

MOHAMMED ASAD
Palästinensischer Fotojournalist aus Gaza.
Seite 66–74, 78/79, 83, 85, 96–101

FELIPE ROMERO BELTRÁN
Fotograf aus Bogotá.
Seite 234/235

JOSH BERER
Kunsthandwerker und Kalligraf, der von Washington, D. C., aus arbeitet, spezialisiert auf Dari und Farsi.
Seite 80

YARON BRENER
Fotojournalist und Food-Fotograf in Tel Aviv, über ein Jahrzehnt »Hausfotograf« im Hakosem.
Seite 12, 18–25, 42, 57, 146–149, 152, 155/156, 158–161, 174–185, 187, 189–191, 193/194, 196–199, 218, 222, 236, 260–270, 274, 278, 282/283, 299, 310/311, 352

CHARLES CONSTANTINE
Fotograf aus dem Libanon, der heute in Paris lebt.
Seite 341, 363/364, 366/367

DR. YAHYA DIWER
Arzt und Fotograf aus Alexandria, dessen Fotos in ägyptischen und internationalen Galerien und Kulturinstitutionen ausgestellt werden.
Seite 28/29, 30–32, 35–39, 47, 49, 51, 53, 55, 58–63

DAVID LOFTUS
International gefeierter, preisgekrönter Food-Fotograf mit Wohnsitz in Großbritannien und über 20 Jahren Erfahrung in der Gestaltung von Kochbüchern für einige der weltweit führenden Spitzenköche.
Seite 166, 172/173

FELIX LUPA
Fotograf und Dozent aus Tel Aviv.
Seite 150/151, 153/154, 157, 162–165, 171, 192, 195, 215, 224, 241, 406/407

KARIM MOSTAFA
In Schweden geborener Fotograf, der in Beirut lebt und vor allem als Fotojournalist und Dokumentarfotograf tätig ist.
Seite 336–340, 342–344, 346–348, 365

EILON PAZ
In Israel geborener Fotograf, der in New York lebt und dessen Bilder weltweit in verschiedensten wichtigen Druckerzeugnissen veröffentlicht werden. Er ist Gründer der Website Dust and Grooves über die Sammler von Vinylschallplatten.
Seite 106–114, 116, 121, 128, 135–137, 140–143, 202–214, 220, 229/230, 243, 247–257, 284–287, 290–298, 300–303, 308/309, 315, 317, 320–333, 408

SHAI PERI
Amateurfotograf aus Kiryat Ono.
Seite 216

PHOTO ELIA
Ein regelrechtes Wahrzeichen von einem Fotogeschäft in der Jerusalemer Altstadt, gegründet vom legendären Fotografen Elia Kahvedjian, der ein fotografisches Vermächtnis hinterlassen hat, das die Geschichte der Region seit 1924 dokumentiert.
Seite 217

AVI S. RAVITZKI
In Israel geborener französischer Künstler und Trüffelzüchter im Périgord.
Seite 10/11

NIMROD SAUNDERS
Food- und Naturfotograf aus Givatayim, Dozent für Fotografie.
Seite 104/105, 119, 125–127, 134

BRANDON TAUSZIK
Fotograf und Filmemacher in Kalifornien.
Seite 345, 368/369

REZEPTREGISTER

ZUTATENREGISTER